财政部规划教材
全国财政职业教育教学指导委员会推荐教材
全国中等职业学校财经类教材

会计岗位实训

（第六版）

主　编　刘雪清
副主编　韩连梅

中国财经出版传媒集团
中国财政经济出版社

图书在版编目（CIP）数据

会计岗位实训/刘雪清主编. —6版. —北京：中国财政经济出版社，2017.6（2022.9重印）

财政部规划教材　全国财政职业教育教学指导委员会推荐教材　全国中等职业学校财经类教材

ISBN 978-7-5095-7456-0

Ⅰ.①会…　Ⅱ.①刘…　Ⅲ.①会计学-中等专业学校-教材　Ⅳ.①F230

中国版本图书馆 CIP 数据核字（2017）第 099439 号

责任编辑：陈　冰　　　　　　责任校对：黄亚青
封面设计：构远设计

中国财政经济出版社 出版

URL：http://www.cfeph.cn

E-mail：cfeph@cfeph.cn

（版权所有　翻印必究）

社址：北京市海淀区阜成路甲 28 号　邮政编码：100142
营销中心电话：88191537　北京财经书店电话：64033436　84041336
北京富生印刷厂印刷　各地新华书店经销
787×1092 毫米　16 开　18 印张　437 000 字
2017 年 5 月第 6 版　2022 年 9 月北京第 5 次印刷
定价：39.00 元
ISBN 978-7-5095-7456-0
（图书出现印装问题，本社负责调换）
本社质量投诉电话：010-88190744
打击盗版举报热线：010-88191661　QQ：2242791300

编写说明

本书是财政部规划教材、全国财政职业教育教学指导委员会推荐教材，由财政部教材编审委员会组织编写并审定，作为全国中等职业学校财经类教材使用。

在新的会计人才"转型"、"升级"的大背景下，互联网+的时代对会计教材的影响趋于数字化。《会计岗位实训》作为中等职业学校的教材，在经历了15年的变迁后，也面临着新的挑战。

我们本次修订是在第五版教材的基础上，根据最新的会计、税收等制度的相关变化，进行了必要的调整。包括：

1. 对原教材内容中与"营改增"相关的内容进行了调整。包括增值税发货票、会计处理等一并进行了与最新税法的对接，目的是紧密结合实务、配合和方便教学内容的及时更新。

2. 对原教材中的部分原始凭证进行了补充和更新。岗位会计模拟实训的最大特点是仿真性要强，在这方面我们及时到企业、税务等实务工作部门进行了调研和咨询，目的是使学生在学校期间，就能体验到企业会计工作场景在现，对培养学生的职业素质和能力的提升，起到了一定的推动作用。

3. 对原教材中的答案又一次进行了核对和修改。在教学中，特别是会计实训教学中，往往对答案的准确性要求很高。考虑到教学的需要，我们在编写中结合内容的调整，对会计处理、数据计算、报表编制等方面进行了认真的核对，目的是让广大的师生在使用过程中得到更好的参考和指导。

用书学校任课老师若需要实训答案，请以电子邮件的形式向中国财政经济出版社索取（请注明：学校、全书名、版次），E-mail：caijingjiaocai@163.com。

在电算化和互联网的形势下，手工的会计核算受到了一定的影响，但是，任何技术都是不能取代我们必须要学习和掌握会计核算基本原理的职能。让我们通过《会计岗位实训》的学习，打下坚实的会计基础，为迎接更高、更新的挑战做好准备。

本次修订是在第五版的基础上，主要由东北财经大学高等职业技术学院刘雪清教授，辽东学院范颖茜副教授和大连市金融中等职业技术专业学校韩连梅高级讲师、陈琳及梁爽讲师共同完成。

感谢多年来一直支持我们的中职学校的师生们，我们会在适当的时机，实现本教材的全面更新升级，向数字化教材迈进。

编　者

2017年3月

目 录

第一单元 会计岗位模拟实训 …………………………………………………（1）

　实训一　出纳会计岗位实训 …………………………………………………（3）

　实训二　存货会计岗位实训 …………………………………………………（15）

　实训三　往来业务会计岗位实训 ……………………………………………（34）

　实训四　职工薪酬会计岗位实训 ……………………………………………（54）

　实训五　固定资产会计岗位实训 ……………………………………………（69）

　实训六　费用成本会计岗位实训 ……………………………………………（105）

　实训七　收入、利润会计岗位实训 …………………………………………（126）

　实训八　会计报告岗位实训 …………………………………………………（156）

第二单元 企业会计综合模拟实训 ……………………………………………（159）

　实训一　工业企业会计综合实训 ……………………………………………（161）

　实训二　商品流通企业会计综合实训 ………………………………………（234）

第一单元

会计岗位模拟实训

实训一　　出纳会计岗位实训

一、实训目的

1. 了解出纳工作的特点，理解出纳人员的工作职能、职责权限，掌握出纳业务日常工作基本程序和内容；掌握国家规定的现金开支范围、库存现金限额核定的要求。

2. 熟练掌握库存现金、银行存款日记账的启用、交接、保管的方法；熟练掌握库存现金、银行存款日记账的设置、登记、结账、对账及错账更正方法；熟练掌握库存现金日清月结、现金清查、现金保管的制度和操作方法。

3. 理解备用金制度，掌握备用金的预借、报销、核销方法；熟练掌握库存现金，银行存款收、付款业务日常处理程序和方法；掌握库存现金，银行存款收、付款业务日常处理的复核和审查；熟练掌握库存现金送存、提取的方法。

4. 了解支票的特点和有关规定，掌握支票的签发与结算手续、办理支票的挂失及预留印鉴的更换与保管；了解银行本票结算特点、有关规定和办理手续；理解银行汇票结算的特点和有关规定，掌握银行汇票的申请、签发、使用、退款及遗失后的处理等具体操作方法。

5. 理解委托收款结算方式的特点和有关规定，掌握办理托收、付款、拒付等手续；理解异地托收承付结算方式的特点和办理时应具备的条件，掌握办理托收、承付、拒付和逾期付款等手续；了解汇兑结算的特点、有关规定和办理手续。

6. 熟练掌握与银行对账、编制银行存款余额调节表的基本程序和方法。

二、实训要求

1. 根据实训资料一的相关资料，填写账簿启用表，并登记库存现金日记账期初余额；根据相关原始凭证，填制记账凭证并登记库存现金日记账。

2. 根据实训资料二的相关资料，填制各种银行结算凭证。

3. 根据实训资料三的相关资料，填制收、付款凭证并登记库存现金、银行存款日记账；月末编制科目汇总表，并登记库存现金和银行存款总账；核对日记账与总账。逐笔核对银行存款日记账与银行对账单记录，查找并列出未达账项，编制银行存款余额调节表，核对银行日记账与对账单余额。

4. 实训用纸：记账凭证 25 张、库存现金日记账和银行存款日记账各 1 页、总分类账 2 页、科目汇总表 2 页。

三、实训资料

（一）实训资料一

1. 自备公共汽车票或其他原始凭证，训练原始凭证的粘贴方法，见表 1–1–1。

表 1–1–1

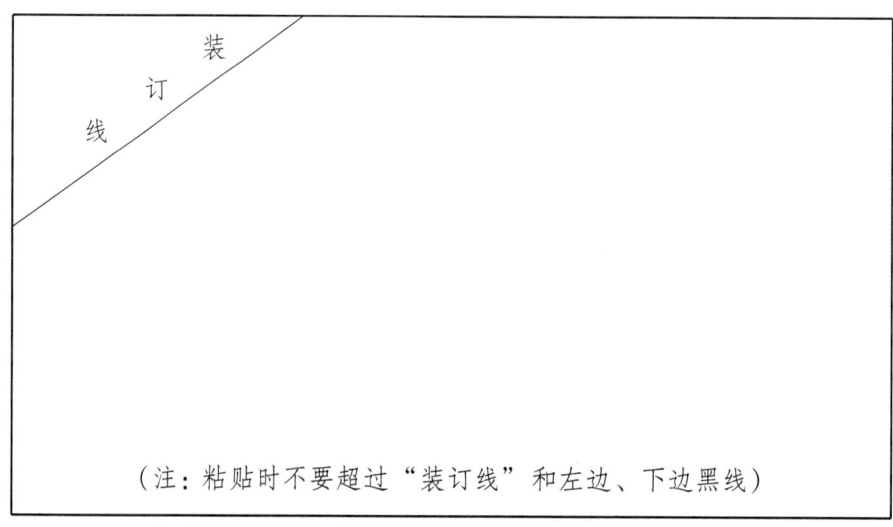

原 始 凭 证 粘 贴 单

（注：粘贴时不要超过"装订线"和左边、下边黑线）

共粘贴原始凭证　　张，金额合计：￥_____

2. 广州长进贸易公司自本月 1 日起由你接替原出纳员陈月的工作，会计机构负责人仍是李力，请填写库存现金、银行存款日记账扉页并登记期初余额。其中，库存现金日记账余额为 4 000 元，银行存款日记账余额为 25 万元，见表 1–1–2、表 1–1–3。

表 1–1–2

账 簿 启 用 表

单位名称						单位公章	
账簿名称	库 存 现 金 日 记 账						
账簿编号	字第　　号第　　册共　　册						
账簿页数	本账共计　　　　页						
启用日期	年　　月　　日						
经管人员		接管	移交	会计负责人		印花税票粘贴处	
姓名	盖章	年 月 日	年 月 日	姓名	盖章		

表1-1-3

账簿启用表

单位名称							单位公章
账簿名称	银 行 存 款 日 记 账						
账簿编号	字第		号第		册共	册	
账簿页数	本账共计				页		
启用日期			年		月	日	
经管人员		接 管 移 交			会计负责人		印花税票粘贴处
姓 名	盖章	年 月 日	年 月 日	姓 名		盖章	

3. 2017年1月5日,广州长进贸易公司从银行提现金3 000元以备零星开支;1月10日,收到所属零售商场交来营业款5 095元(100元30张、50元28张、20元23张、10元11张、5元12张、2元25张、1元15张)(见表1-1-4)送存银行。由你担任出纳(单位主管:陈强,会计:李力),并据以填制现金支票(见表1-1-5)和现金缴款单(见表1-1-6)。公司开户银行:广州工商银行中山路支行,银行账号:0007-7036-3000-3360。

表1-1-4

营 业 交 款 单

交款单位:零售部　　　　　2017年1月10日　　　　　No 321564

交 款 项 目	摘　　　要	金　　额	②财会记账
销货款	1月10日零售货款	5 095.00	
合计人民币（大写）：	伍仟零玖拾伍元整	￥5 095.00	

收款人:　　　　　　　　　　　　　　　　　　　　交款人:

表1-1-5

中国工商银行 现金支票存根	支票号码 No. **中国工商银行现金支票**
支票号码 No. 附加信息 出票日期　年　月　日 收款人: 金额: 用途: 单位主管:　会计:	出票日期（大写）　年　月　日　付款行名称: 收款人:　　　　　　　　　　出票人账号: 人民币 （大写）　亿千百十万千百十元角分 本支票付款期限十天 用途: 上列款项请从 我账户内支付　复核　　记账 出票人签章

表 1-1-6

中国工商银行　现金存款单（第一联回单）

年　月　日

<table>
<tr><td rowspan="2">存款单位</td><td>全称</td><td></td><td>开户银行</td><td></td></tr>
<tr><td>账号</td><td></td><td>款项来源</td><td></td></tr>
<tr><td colspan="2">人民币
（大写）</td><td colspan="2"></td><td>百十万千百十元角分</td></tr>
<tr><td>票面</td><td>张数</td><td>万千百十元角分</td><td>票面</td><td>张数</td><td>百十元角分</td><td rowspan="7">本存款单金额银行全部收讫

收款员　复核员</td></tr>
<tr><td>壹百元</td><td></td><td></td><td>伍角</td><td></td><td></td></tr>
<tr><td>伍拾元</td><td></td><td></td><td>贰角</td><td></td><td></td></tr>
<tr><td>拾元</td><td></td><td></td><td>壹角</td><td></td><td></td></tr>
<tr><td>伍元</td><td></td><td></td><td>伍分</td><td></td><td></td></tr>
<tr><td>贰元</td><td></td><td></td><td>贰分</td><td></td><td></td></tr>
<tr><td>壹元</td><td></td><td></td><td>壹分</td><td></td><td></td></tr>
</table>

此联由银行盖章后退回单位

会计：　　　　　　　　　复核：　　　　　　　　　记账：

4. 2017年1月30日，广州长进贸易公司根据企业实际需要，准备调整库存现金限额，申请出纳库存现金为6 000元，其中，备用金为2 000元；见表1-1-7。

表 1-1-7

库存现金限额申请批准书

填报单位：　　　　　开户银行：　　　　　账号：　　　　　单位：元

项　目	申请表	批准数	说明
库存限额合计： 其中： 1. 出纳 2. 备用金 3. 4.			
（申请单位盖章） 　年　月　日	（单位主管部门意见） 　年　月　日	（开户银行审查意见） 　年　月　日	

5. 2017年1月30日，广州长进贸易公司清点库存现金余额为4 800元，实际盘点余额为4 600元，另有200元是白条抵库。填制现金清查盘点报告表（见表1-1-8）及余缺的处理。

表1-1-8

现金清理盘点报告表

单位名称：　　　　　　　　　　　　年　月　日

账面金额	实盘金额	清查结果		问题简要说明
		盘盈	盘亏	
主管部门 处理意见			备注	

财务负责人：　　　　　　出纳：　　　　　　监盘人：　　　　　　盘点人：

（二）实训资料二

长沙湘北机械集团（长沙湘北机械集团地址：长沙市人民路213号，开户银行：长沙市中行人民路分理处，账号：0863-0008-6860）2017年2月1日银行存款日记账余额为55万元，2017年2月发生以下经济业务，根据以下业务填制相应银行结算凭证：

1. 8日，向太原市钢铁集团（开户银行：太原市工行中山分理处，账号：0436-7000-5990）采购原材料，开出委托书向开户银行申请并办妥面额为24万元的银行汇票一张，持往太原市中山路103号购料，见表1-1-9、表1-1-10。

表1-1-9

中国工商银行汇票申请书（存根）　　1　　第　号

申请日期　　　　年　月　日

申请人		收款人	
账　号 或住址		账　号 或住址	
		代　理 付款行	
人民币 （大写）		千百十万千百十元角分	
备注		科　目	
		对方科目	
		财务主管　　复核　　经办	

此联申请人留存

表 1-1-10

付款期限 壹个月	银行汇票（卡片）1　　汇票号码	

出票日期		第 号
（大写） 年 月 日	代理付款行：	行号：

收款人：	账号：
出票金额人民币 （大写）	
实际结算金额人民币 （大写）	千 百 十 万 千 百 十 元 角 分

申请人：	账号或住址：
出票行：　　　行号： 备注 复核　　　经办	科目（借）_____ 对方科目_____ 销账日期　　年　月　日 复核　　　记账

此联出票行结清汇票时作汇出汇款借方凭证

2. 11 日，销售产品一批给沈阳市汽车贸易公司（沈阳市汽车贸易公司地址：沈阳市和平区淮南路 34 号，开户银行：沈阳市工行淮南分理处，账号：0045-6700-1344），价值 117 000 元（交易合同号：02570），采用商业汇票结算，收到承兑期为 4 个月的商业汇票一张，见表 1-1-11。

表 1-1-11

商 业 承 兑 汇 票 （卡片） 1

出票日期：　　　　　　　年　月　日　　　第 0107 号
（大写）

付款人	全　称		收款人	全　称	
	账　号			账　号	
	开户银行			开户银行	

出票金额	人民币 （大写）	千 百 十 万 千 百 十 元 角 分

汇票到期日 （大写）		付款人 开户行	账号	
			地址	

交易合同号：	备注：
	出票人签章

3. 15日，偿还原欠长沙市金属公司（长沙市金属公司地址：长沙市云山路102号，开户银行：长沙市工行武陵分理处，账号：0365-0009-4728）材料款23 400元，向开户银行申请并办妥银行本票一张交付，见表1-1-12，表1-1-13。

表1-1-12

中国工商银行**本票申请书**（存根）　1　　第　号

申请日期		年　月　日	
申请人		收款人	
账号或住址		账号或住址	
		代理付款行	
人民币（大写）			千百十万千百十元角分
备注		科目	
		对方科目	
		财务主管　复核　经办	

此联申请人留存

表1-1-13

付款期限 壹个月	中国工商银行　　地名　本票号码 **本　票**　2

出票日期　年　月　日
（大写）　　　　　　　　　第　号

收款人：
凭票即付人民币（大写）

转账	现金	科目（借）
		对方科目（贷）
备注：	出票行签章	付款日期　年　月　日 出纳　复核　经办

此联出票行结清本票时作借方凭证

4. 18日，向长沙古城百货公司（开户银行：长沙市工行新街分理处，账号：0363 - 0003 - 4660）购买办公用品一批，价款8 650元，开出转账支票支付，见表1 - 1 - 14。

表1 - 1 - 14

| 中国工商银行
转账支票存根
支票号码 No.
附加信息_____
_____
出票日期 年 月 日

收款人：
金额：
用途：

单位主管： 会计： | 中国工商银行**转账支票** 支票号码 No.
出票日期（大写） 年 月 日 付款行名称：
收款人： 出票人账号：

本支票付款期限十天

人民币（大写） ｜亿｜千｜百｜十｜万｜千｜百｜十｜元｜角｜分｜

用途：_____
上列款项请从
我账户内支付
出票人签章 复核 记账 |

5. 20日，用信汇方式汇出款项12万元，用于向包头市钢铁集团（地址：包头市中原路68号，开户银行：包头市工行小巷分理处，账号：0567 - 3300 - 4666）采购原材料，见表1 - 1 - 15。

表1 - 1 - 15

中国工商银行**信汇凭证**（回单） ③

委托日期 年 月 日

汇款人	全 称			收款人	全 称			此联汇出行给付款人的回单
	账 号 或住址				账 号 或住址			
	汇 出 地 点		汇出行 全 称		汇 入 地 点		汇入行 全 称	
金额	人民币 （大写）					百 十 万 千 百 十 元 角 分		

款项已汇入收款人账户 　　　　　　　支付密码

　　　　汇入行签章　　　　　　　　　附加信息及用途

　　　　　　　　　　　　　　　　　　　　　复核　　记账

6. 25日，销售给长沙市白沙集团（地址：长沙市三岔路116号，开户银行：长沙市工行三岔路分理处，账号：0363-0005-5555）产品一批，价款91 600元（合同号9781），产品已送货上门，对方验收入库，凭发票委托银行办理收款（邮划），见表1-1-16。

表1-1-16

托 收 凭 证（受理回单） 1

委托日期　年　月　日

业务类型	委托收款（ □邮划 □电划）	托收承付（□邮划 □电划）										
付款人	全　称		收款人	全　称								
	账　号			账　号								
	开户银行			开户银行								
托收金额	人民币（大写）				千	百	十	万	千	百	十	元	角	分
款项内容		托收凭据名称		托收承付		附寄单证张数						
商品发运情况				合同名称号码								
备注：		款项收妥日期 年　月　日		收款单位开户银行盖章 年　月　日								
复核　　记账												

7. 28日，按合同销售给成都市大旺食品公司（开户银行：成都市工行长江分理处，账号：0666-0007-8777）产品一批（货已发），价款93 600元，办理铁路托运代垫运输费900元，将合同（合同号3146）、发票、运单送交银行办理托收承付收款手续（电划），见表1-1-17。

表1-1-17

托 收 凭 证（受理回单） 1

委托日期　年　月　日

业务类型	委托收款（ □邮划 □电划）	托收承付（□邮划 □电划）										
付款人	全　称		收款人	全　称								
	账　号			账　号								
	开户银行			开户银行								
托收金额	人民币（大写）				千	百	十	万	千	百	十	元	角	分
款项内容		托收凭据名称		托收承付		附寄单证张数						
商品发运情况				合同名称号码								
备注：		款项收妥日期 年　月　日		收款单位开户银行盖章 年　月　日								
复核　　记账												

8. 29日,向本市远华集团(开户银行:长沙市工行新街分理处,账号:0363-3213-5890)销售产品一批,价税合计46 800元,收到转账支票一张,见表1-1-18、表1-1-19。

表1-1-18

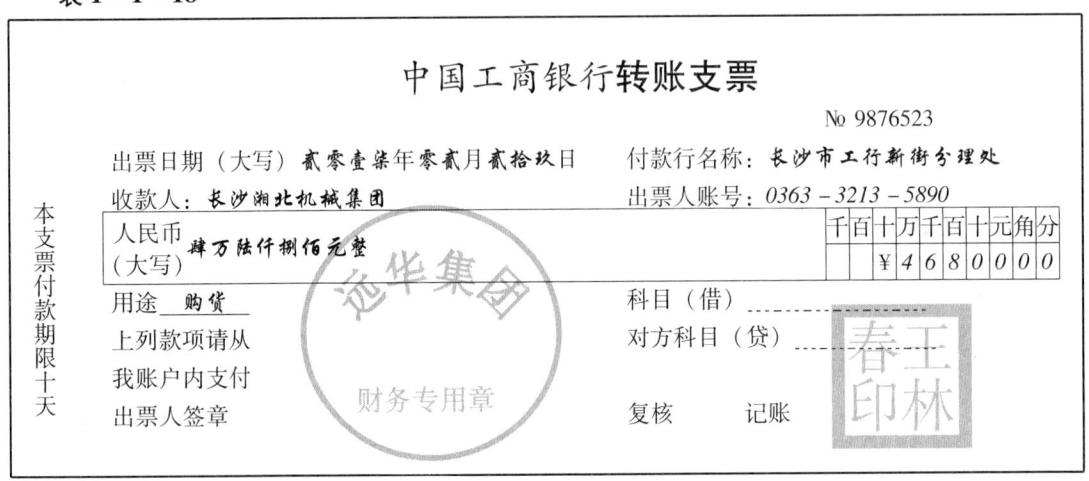

表1-1-19

（三）实训资料三

广州天丝纺织品有限责任公司,为一般纳税人,增值税税率17%。开户银行:中国工商银行人民路支行,账号:0012-2610-2856。2017年5月份有现金、银行存款业务如下:

1. 4月末库存现金余额850元,银行存款余额226 000元。

2. 5月份发生有关现金、银行存款收、付款业务，见表1-1-20。

表1-1-20

现金、银行存款收、付款业务

2017年5月

序号	日期	经济业务内容	原始凭证名称数量
1	3	开出现金支票提取2 000元备用	现金支票存根一张，号码为8805
2	3	向上海第一棉纺织厂电汇85 000元，预付购料款	汇款回单一张，对方开户银行为工行上海市分行，账号是001245682798
3	4	向红星工厂出租包装物45个，每个收取押金100元，共计现金4 500元，开具现金收据	现金收据一张
4	5	以现金支付张涌报销的办公用品500元	增值税普通发票一张
5	5	收到银行转来的收款通知，深圳大华商贸公司承付货款8 400元	收账通知联一张
6	6	李明借支差旅费1 000元，以现金支付	差旅费借支单一张
7	10	赵杰调离采购员岗位，交回定额备用金1 500元	现金收据一张
8	11	李明出差回厂报销差旅费650元，退回多余现金350元	差旅费报销单一张 现金收据一张
9	12	根据工薪结算单上的实发工薪，开具现金支票8806#，金额为86 000元，备发工薪	支票存根一张，号码为8806
10	12	支付本月工薪86 000元	工薪表一份
11	13	以现金支付餐费900元	发票、餐费、现金支出凭证各一张
12	14	向银行送存现金2 800元	缴款单回单一张
13	15	向上海明珠贸易公司销售毛巾500条，价税合计46 800元，收到银行汇票	发票、银行收账通知各一张，银行汇票号码为7698
14	16	零售，收到现金800元	发票、现金收据各一张
15	17	收到银行转来的计算利息清单，收到利息1 200元	计息清单一张
16	20	电信公司划转本月电话费价税合计1 000元，其中可抵扣的增值税为99.1元	发票、银行付款通知单各一张
17	21	收到银行转来的付款通知单，支付本月电费价税合计3 300元，其中可抵扣的增值税为479.49元	银行付款通知单一张 电费发票一张
18	24	采购员张华采购办公用品一批650元，报销，以现金补足其定额备用金	增值税普通发票、现金支出凭证各一张
19	25	销售产品，价税合计23 400元，收到银行本票	发票、银行收账通知各一张
20	28	购入材料3万元，增值税5 100元，开具转账支票，另以现金支付运杂费500元	转账支票存根号码为9806 增值税专用发票一张、运费增值税普通发票一张
21	28	银行转来收账通知，收到株洲冶炼厂前欠货款45 000元	收账通知单一张
22	29	电汇款10万元，归还山东顺风纺织品公司货款，手续费50元	银行付款通知、手续费各一张
23	31	销售产品一批，价税合计58 500元，收到转账支票，已办理进账手续	转账支票一张号码为9725，发票一张号码为4306
24	31	盘点现金，短款100元，由出纳文莉负责	现金盘点表一张

3. 12月份银行对账单（见表1-1-21），编制银行存款余额调节表（见表1-1-22）。

表1-1-21

中国工商银行人民路支行对账单

月利息率：2‰　　　　账号：0012-2610-2856

2017年		凭证号码	摘要	借方	贷方	借或贷	余额	记账	复核
月	日								
4	30		承前页			贷	226 000		
5	3	8805	备用金	2 000		贷	224 000		
5	3		电汇	85 000		贷	139 000		
5	5		托收		8 400	贷	147 400		
5	12	8806	工薪	86 000		贷	61 400		
5	14		现金		2 800	贷	62 400		
5	15	7689	收到银行汇票		46 800	贷	111 000		
5	17		计息		1 200	贷	112 200		
5	20		电话费	1 000		贷	111 200		
5	21		水电费	3 300		贷	107 900		
5	25		收银行本票		23 400	贷	131 300		
5	28		托收		45 000	贷	176 300		
5	28	4308	转支		5 000	贷	181 300		
5	29		汇款	100 050		贷	81 250		
5	31		承付	6 000		贷	75 250		
5	31		托收		2 400	贷	77 650		

表1-1-22

银行存款余额调节表

企业账面余额		银行对账单余额	
加：企业未收账款		加：银行未收款	
减：企业未付账款		减：银行未付款	
调整后余额		调整后余额	

会计主管：　　　　　　　　　　复核：　　　　　　　　　　出纳：

附：未达账清单

企业未达账项					银行未达账项				
月	日	摘要	未收	未付	月	日	摘要	未收	未付
		合　　计					合　　计		

实训二　存货会计岗位实训

一、实训目的

1. 了解存货会计岗位的职责。
2. 掌握存货收发业务原始凭证的填制与审核及收、发料汇总表的编制。
3. 掌握存货各种情况下收发业务的会计处理。
4. 掌握存货、物资采购明细账的设置和登记方法。
5. 掌握存货总账的登记和与材料明细账的核对方法。
6. 掌握存货清查盘点的程序和方法。

二、实训要求

1. 原材料收发采用实际成本核算。
（1）根据材料采购原始凭证，逐笔编制记账凭证，进行原材料的购入核算。
（2）月末根据原材料发出凭证汇总编制"发出材料汇总表"，再据此编制记账凭证，集中进行原材料发出的核算（月末一次加权平均法）。
注意：计算各项发出存货的实际成本时，为防止小数点误差（小数四舍五入，保留两位），应先计算出期末各项存货的实际成本（期末存货数量×加权平均单价），再倒挤出发出存货的实际成本（月初存货的实际成本＋本月收入存货的成本－期末存货的成本）。
2. 周转材料收发采用实际成本核算，并采用一次摊销法。
（1）根据周转材料采购原始凭证，逐笔编制记账凭证，进行周转材料购入核算。
（2）月末根据平时周转材料发出凭证汇总编制"周转材料领用汇总表"，采用加权平均法计算结转周转材料发出成本，一次计入有关成本费用。
3. 根据部分发生的经济业务，填制自制原始凭证和记账凭证。
4. 登记原材料、周转材料明细账及材料采购明细账。
5. 编制科目汇总表。
6. 根据科目汇总表登记原材料、周转材料、材料采购总账。
7. 实训用纸：记账凭证20张，数量金额式明细账11张，材料采购明细账2张，总账4张。

三、实训资料

1. 广州牛牛乳业有限公司有关存货账户余额见表1-2-1。

表 1-2-1

存货账户余额表

2017 年 11 月 30 日

总　　账	明细账格式	借或贷	余额		备　　注
			总账	明细账	
材料采购		借	32 000		
	原材料	C	借	12 000	单位成本 4 元/千克 3 000 千克（白糖）
	包装物	C	借	20 000	单位成本 1.9 元/个 数量 1 万个（纸箱） 其中运费 1 000 元
原材料			借	55 190	
	鲜奶	B	借	50 000	单位成本 5 元/千克 数量 1 万千克
	奶粉	B	借	2 200	单位成本 22 元/千克 数量 100 千克
	白糖	B	借	1 950	单位成本 3.9 元/千克 数量 500 千克
	香精	B	借	1 040	单位成本 52 元/千克 数量 20 千克
周转材料	包装物			22 000	
	纸箱	B	借	1 800	单位成本 1.80 元/个 数量 1 000 个
	250 毫升内包装	B	借	7 600	单位成本 380 元/箱 数量 20 箱
	500 毫升内包装	B	借	12 600	单位成本 420 元/箱 数量 30 箱
周转材料	低值易耗品		借	4 960	
	高强石墨垫	B	借	960	单位成本 80 元/个 数量 12 个
	250 瓦射灯	B	借	1 000	单位成本 100 元/个 数量 10 个
	卫生管	B	借	2 100	单位成本 70 元/米 数量 30 米
	管理用具	B	借	900	单位成本 18 元/件 数量 50 件

说明：B 表示数量金额明细账；C 表示多栏式明细账。

2. 根据以下经济业务，填制完成空白表单并做出相应账务处理：

（1）12月1日，上月向东莞华丽纸业公司购入纸箱10 000个入库，每个1.90元，价款19 000元，增值税3 230元，运费1 000元（运费取得增值税普通发票），收料单见表1-2-2。

表1-2-2

收 料 单

年　月　日　　　　　　　　　字第　　号

来料单位		发票　号		年　月　日收到											
编号	材 料 名 称	规格	送验数量	实收数量	单位	单价	金　　　额								
							十	万	千	百	十	元	角	分	
备注		验收人				合计¥									

会计　　　出纳　　　复核　　　记账　　　制单

（2）12月1日，基本生产车间生产产品领用高强石墨垫8个，250瓦射灯6个，卫生管20米，辅助生产车间领用管理用具30件，行政管理部门领用管理用具15件（领用存货时，在有关存货明细账上登记发出数量，不登记金额，月末计算出加权平均单价后，再登记金额。以下类似业务处理方法相同），领料单见表1-2-3。

表1-2-3（1/3）

　　字第　　　　号　　　　　　　　　　　　　　　　　　　　　　　　No.0007114
领料部门　　　　　　　　　　### 领　料　单
生产通知单号别　　　　　　　　　　　年　月　日

制品名称：				制造数量：		领料用途：									
编号	品 名	规格	单位	请领数量	实发数量	单价	金　　额								备注
							十	万	千	百	十	元	角	分	
附件：					张	合　　计									

主管　　　会计　　　记账　　　发料　　　领料　　　制单

表 1-2-3（2/3）

___字第_____号

领 料 单

领料部门_____

年　月　日

生产通知单号别_____

No.0007115

编号	品名	规格	单位	请领数量	实发数量	单价	金额								备注
							十	万	千	百	十	元	角	分	
附件：					张	合　计									

制品名称：　　　　制造数量：　　　　领料用途：

主管　　　会计　　　记账　　　发料　　　领料　　　制单

第二联：交会计部门

表 1-2-3（3/3）

___字第_____号

领 料 单

领料部门_____

年　月　日

生产通知单号别_____

No.0007116

编号	品名	规格	单位	请领数量	实发数量	单价	金额								备注
							十	万	千	百	十	元	角	分	
附件：					张	合　计									

制品名称：　　　　制造数量：　　　　领料用途：

主管　　　会计　　　记账　　　发料　　　领料　　　制单

第二联：交会计部门

（3）12月2日，向广州金泉股份有限公司购鲜奶15 000千克，每千克4.80元，货款72 000元，增值税12 240元，合计84 240元，鲜奶入库（支票付款），收料单见表1-2-4。

表 1-2-4（1/4）

收 料 单

年　月　日　　　　　字第　号

编号	材料名称	规格	送验数量	实收数量	单位	单价	金额							
							十	万	千	百	十	元	角	分
备注			验收人				合计￥							

来料单位　　发票　号　　年　月　日收到

③ 会计

会计　　　出纳　　　复核　　　记账　　　制单

表 1-2-4（2/4）

广东增值税专用发票
抵 扣 联

No 0259681

开票日期：2017 年 12 月 2 日

购货单位	名　　　　称：广州市牛牛乳业有限公司 纳税人识别号：440122312560688950 地　址、电　话：广州市中山路18号 开户行及账号：工行中山支行 　　　　　　　4077300005699	密码区	3＜＞20-3+8+7＜+5-2+487＜ 4＞+6059/3499626-/-+/8＞ 1＜12/5＜1++/28220*49/0 6＞5＜24-＞＞3*05/＞＞92	加密版本号： 14 3240023220 07881134

货物或应税劳务名称	规格型号	单位	数量	单价	金额	税率	税额
鲜奶		千克	15 000	4.80	72 000.00	17%	12 240.00
合　计					72 000.00		12 240.00

价税合计（大写）	捌万肆仟贰佰肆拾元整	（小写）￥ 84 240.00

销货单位	名　　　　称：广州金泉股份有限公司 纳税人识别号：440102708258082234 地　址、电　话：广州市金泉路187号 开户行及账号：建行广州市金泉支行 　　　　　　　4077310004150	备注	（广州金泉股份有限公司 440102708258082234 发票专用章）

收款人：关山　　复核：许清　　开票人：刘艳　　销货单位：（章）

第二联：抵扣联　购货方扣税凭证

表 1-2-4（3/4）

广东增值税专用发票
发 票 联

No 0259681

开票日期：2017 年 12 月 2 日

购货单位	名　　　　称：广州市牛牛乳业有限公司 纳税人识别号：440122312560688950 地　址、电　话：广州市中山路18号 开户行及账号：工行中山支行 　　　　　　　4077300005699	密码区	3＜＞20-3+8+7＜+5-2+487＜ 4＞+6059/3499626-/-+/8＞ 1＜12/5＜1++/28220*49/0 6＞5＜24-＞＞3*05/＞＞92	加密版本号： 14 3240023220 07881134

货物或应税劳务名称	规格型号	单位	数量	单价	金额	税率	税额
鲜奶		千克	15 000	4.80	72 000.00	17%	12 240.00
合　计					72 000.00		12 240.00

价税合计（大写）	捌万肆仟贰佰肆拾元整	（小写）￥ 84 240.00

销货单位	名　　　　称：广州金泉股份有限公司 纳税人识别号：440102708258082234 地　址、电　话：广州市金泉路187号 开户行及账号：建行广州市金泉支行 　　　　　　　4077310004150	备注	（广州金泉股份有限公司 440102708258082234 发票专用章）

收款人：关山　　复核：许清　　开票人：刘艳　　销货单位：（章）

第三联：发票联　购货方记账凭证

表1-2-4（4/4）

| 中国工商银行
转账支票存根
支票号码 No.
附加信息 _____
_____
出票日期　年　月　日
收款人：
金额：
用途：
单位主管：　会计： | 中国工商银行转账支票　　　　　　　　　　　支票号码 No.
出票日期（大写）　年　月　日　　付款行名称：
收款人：　　　　　　　　　　　　　　　出票人账号：
本支票付款期限十天　人民币（大写）　　亿千百十万千百十元角分
用途：_____
上列款项请从
我账户内支付
出票人签章　　　　　　　　　　　复核　　记账 |

（4）12月3日，向深圳红光公司购奶粉350千克，每千克20元，价款7 000元，增值税1 190元，小计8 190元；购白糖600千克，每千克4元，价款2 400元，增值税408元，小计2 808元；购香精50千克，每千克50元，价款2 500元，增值税425元。款汇出，材料未入库（结算手续费80元），见表1-2-5。

表1-2-5（1/4）　　　**广东增值税专用发票**　　　No 2578697
抵　扣　联　　　开票日期：2017年12月3日

购货单位	名　称：	广州市牛牛乳业有限公司			密码区	3<>20-3+8+7<+5-2+487<	加密版本号： 23 3240023220 07881134
	纳税人识别号：	440123312560688950				4>+6059/3477626-/-+/8>	
	地址、电话：	广州市中山路18号				1<12/5<1++/28220*49/0	
	开户行及账号：	工行中山支行 4077300005699				6>5<24->>3*05/>>92	

货物或应税劳务名称	规格型号	单位	数量	单价	金额	税率	税额
奶粉		千克	350	20.00	7 000.00	17%	1 190.00
白糖		千克	600	4.00	2 400.00	17%	408.00
香精		千克	50	50.00	2 500.00	17%	425.00
合　计					11 900.00	17%	2 023.00

价税合计（大写）	壹万叁仟玖佰贰拾叁元整	（小写）¥ 13 923.00

销货单位	名　称：	深圳红光公司	备注
	纳税人识别号：	440252215774221115	
	地址、电话：	深圳深南路210号	
	开户行及账号：	工行南山支行 00115-3310-0007	

收款人：罗小华　　复核：钱金　　开票人：全君　　销货单位：（章）

表 1－2－5（2/4）

广东增值税专用发票
No 2578697

发 票 联
开票日期：2017 年 12 月 3 日

购货单位	名　称：广州市牛牛乳业有限公司 纳税人识别号：440122312560688950 地址、电话：广州市中山路 18 号 开户行及账号：工行中山支行 4077300005699	密码区	3＜＞20－3＋8＋7＜＋5－2＋487＜ 4＞＋6059/3477626－/－＋/8＞ 1＜12/5＜1＋＋/28220＊49/0 6＞5＜24－＞＞3＊05/＞＞92	加密版本号： 23 3240023220 07881134

货物或应税劳务名称	规格型号	单位	数量	单价	金额	税率	税额
奶粉		千克	350	20.00	7 000.00	17%	1 190.00
白糖		千克	600	4.00	2 400.00	17%	408.00
香精		千克	50	50.00	2 500.00	17%	425.00
合　计					11 900.00	17%	2 023.00

价税合计（大写）	壹万叁仟玖佰贰拾叁元整	（小写）¥ 13 923.00

销货单位	名　称：深圳红光公司 纳税人识别号：440252215774221115 地址、电话：深圳深南路 210 号 开户行及账号：工行南山支行 00115－3310－0007	备注	深圳红光公司 440252215774221115 发票专用章

收款人：罗小华　　复核：钱金　　开票人：金君　　销货单位：（章）

第三联：发票联 购货方记账凭证

表 1－2－5（3/4）

中国工商银行信汇凭证（回单） 3

委托日期 2017 年 12 月 3 日

汇款人	全　称	广州市牛牛乳业有限公司	收款人	全　称	深圳红光公司
	账号或住址	4077300005699		账号或住址	00115－3310－0007
	汇出地点	广州市		汇入地点	深圳市
	汇出行全称	工行中山支行		汇入行全称	工行南山支行

金额	人民币（大写）	壹万叁仟玖佰贰拾叁元整	百	十万	千	百	十	元	角	分
				¥ 1	3	9	2	3	0	0

款项已收入收款人账户

中国工商银行广州分行
中山支行
2017.12.3

支付密码

附加信息及用途

汇入行签章　　　　　　复核　　记账

此联汇出行给付款人的回单

表1-2-5（4/4）

工商银行广州分行
付款通知书

网点号：9002　　　　交易代码：240424　　　　日期：2017.12.03

单位名称：	广州市牛牛乳业有限公司		
账号：4077300005699			
摘要：	汇款金额：13 923.00 邮电费：5.00 手续费：75.00		
		金额合计：	￥80.00
金额合计：（大写）	人民币捌拾元整		

（盖章：中国工商银行广州分行 中山支行 2017.12.3）

注：此付款通知书加盖我行业务公章方有效。

流水号：000151　　　　　　　　　　　　　　　经办：3894

第二联 回单

（5）12月3日，向东莞华丽纸业公司购入250毫升内包装50箱，每箱400元，价款2万元，增值税3 400元，小计23 400元；购入500毫升内包装90箱，每箱430元，价款38 700元，增值税6 579元，小计45 279元。用银行汇票付款，包装物尚未入库（余额1 321元退回），见表1-2-6。

表1-2-6（1/3）

中国工商银行
银行汇票

付款期限：壹个月　　　多余款 4　　收账通知　　No.0112912

出票日期（大写）：贰零壹柒年壹拾贰月零叁日

代理付款行：工行中山支行　　行号：

收款人：	东莞华丽纸业公司	账号：4601-1234-0156
出票金额	人民币（大写）柒万元整	
实际结算金额	人民币（大写）陆万捌仟陆佰柒拾玖元整	千百十万千百十元角分 ￥6 8 6 7 9 0 0

申请人：_____　　账号或住址：4077300005699

出票行：_____　行号：_____

备　注：_____

多余金额
千百十万千百十元角分
￥1 3 2 1 0 0

左列退回多余金额已收入你账户内。
　　财务主管　　复核　　经办人

出票行盖章
2017年12月3日

（盖章：中国工商银行广州分行 中山支行 2017.12.3）

此联出票行结清多余款后交申请人

表1-2-6（2/3）　　　**广东增值税专用发票**　　　No 03567782

抵　扣　联　　　开票日期：2017年12月3日

购货单位	名　　称：广州市牛牛乳业有限公司 纳税人识别号：440122312560688950 地　址、电　话：广州市中山路18号 开户行及账号：工行中山支行 4077300005699	密码区	3＜＞20－3＋8＋7＜＋5－2＋487＜ 4＞＋6059/3455411－/－＋/8＞ 1＜12/5＜1＋＋/28220＊49/0 6＞5＜24－＞＞3＊05/＞＞92	加密版本号： 56 3240023990 078811

货物或应税劳务名称	规格型号	单位	数量	单价	金额	税率	税额
内包装	250ml	箱	50	400.00	20 000.00	17%	3 400.00
内包装	500ml	箱	90	430.00	38 700.00	17%	6 579.00
合　计					58 700.00		9 979.00

价税合计（大写）	陆万捌仟陆佰柒拾玖元整	（小写）¥ 68 679.00

销货单位	名　　称：东莞华丽纸业公司 纳税人识别号：440501284511145333 地　址、电　话：东莞市民主路25号 开户行及账号：建行东莞市民主路支行 4405220003945	备注	东莞华丽纸业公司 440501284511145333 发票专用章

收款人：王宏　　　复核：徐就　　　开票人：林枫　　　销货单位：（章）

第二联：抵扣联　购货方扣税凭证

表1-2-6（3/3）　　　**广东增值税专用发票**　　　No 03567782

发　票　联　　　开票日期：2017年12月3日

购货单位	名　　称：广州市牛牛乳业有限公司 纳税人识别号：440122312560688950 地　址、电　话：广州市中山路18号 开户行及账号：工行中山支行 4077300005699	密码区	3＜＞20－3＋8＋7＜＋5－2＋487＜ 4＞＋6059/3455411－/－＋/8＞ 1＜12/5＜1＋＋/28220＊49/0 6＞5＜24－＞＞3＊05/＞＞92	加密版本号： 56 3240023990 07881134

货物或应税劳务名称	规格型号	单位	数量	单价	金额	税率	税额
内包装	250ml	箱	50	400.00	20 000.00	17%	3 400.00
内包装	500ml	箱	90	430.00	38 700.00	17%	6 579.00
合　计					58 700.00		9 979.00

价税合计（大写）	陆万捌仟陆佰柒拾玖元整	（小写）¥ 68 679.00

销货单位	名　　称：东莞华丽纸业公司 纳税人识别号：440501284511145333 地　址、电　话：东莞市民主路25号 开户行及账号：建行东莞市民主路支行 4405220003945	备注	东莞华丽纸业公司 440501284511145333 发票专用章

收款人：王宏　　　复核：徐就　　　开票人：林枫　　　销货单位：（章）

第三联：发票联　购货方记账凭证

(6) 12月4日,内包装入库(12月3日购入),收料单见表1-2-7。

表1-2-7 收料单

编号	材料名称	规格	送验数量	实收数量	单位	单价	金额(十万千百十元角分)
备注		验收人				合计¥	

来料单位　　　发票号　　　年　月　日收到

会计　　出纳　　复核　　记账　　制单

(7) 12月5日,上月向深圳红光公司购入的白糖3 000千克入库,每千克4元。收料单见表1-2-8。

表1-2-8 收料单

编号	材料名称	规格	送验数量	实收数量	单位	单价	金额(十万千百十元角分)
备注		验收人				合计¥	

来料单位　　　发票号　　　年　月　日收到

会计　　出纳　　复核　　记账　　制单

(8) 12月5日,乳酸车间领用鲜奶22 000千克,白糖1 000千克,250毫升内包装65箱(用于250毫升酸奶生产),500毫升内包装100箱(用于500毫升酸奶生产),纸箱1万个(用于250毫升酸奶生产4 500个,用于500毫升酸奶生产5 500个),领料单见表1-2-9。

表1-2-9 (1/2)

____字第_____号　　　　　　　　领　料　单　　　　　　　　No. 0007117
领料部门_____　　　　　　　　年　月　日
生产通知单号别_____

制品名称：				制造数量：			领料用途：									
编号	品　名	规格	单位	请领数量	实发数量	单价	金　额									备注
							十万	千	百	十	元	角	分			
附件：					张	合　　计										

主管　　　会计　　　记账　　　发料　　　领料　　　制单

第二联：交会计部门

表1-2-9 (2/2)

____字第_____号　　　　　　　　领　料　单　　　　　　　　No. 0007118
领料部门_____　　　　　　　　年　月　日
生产通知单号别_____

制品名称：				制造数量：			领料用途：									
编号	品　名	规格	单位	请领数量	实发数量	单价	金　额									备注
							十万	千	百	十	元	角	分			
附件：					张	合　　计										

主管　　　会计　　　记账　　　发料　　　领料　　　制单

第二联：交会计部门

（9）12月10日，向广州金泉股份有限公司购鲜奶11 000千克，每千克4.90元，价款53 900元，增值税9 163元，合计63 063元，鲜奶入库（支票），见表1-2-10。

表1-2-10 (1/4)

广东增值税专用发票　　　　　No 03252213

抵　扣　联　　　　　开票日期：2017年12月10日

购货单位	名　　　称：广州市牛牛乳业有限公司 纳税人识别号：440122312560688950 地址、电话：广州市中山路18号 开户行及账号：工行中山支行 4077300005699	密码区	3＜＞20－3＋8＋7＜＋5－2＋123＜ 4＞＋6059/34776192－/－＋/8＞ 1＜12/5＜1＋＋/28220＊49/0	加密版本号：78 3240023134

货物或应税劳务名称	规格型号	单位	数量	单价	金额	税率	税额
鲜奶		千克	11 000	4.90	53 900.00	17%	9 163.00
合　计					53 900.00		9 163.00

价税合计（大写）	陆万叁仟零陆拾叁元整	（小写）￥63 063.00

销货单位	名　　　称：广州金泉股份有限公司 纳税人识别号：440102708258082234 地址、电话：广州市金泉路187号 开户行及账号：建行广州金泉支行 4077310004150	备注	（发票专用章：广州金泉股份有限公司 440102708258082234）

收款人：关山　　　复核：许清　　　开票人：刘艳　　　销货单位：（章）

第二联：抵扣联　购货方扣税凭证

表 1-2-10 (2/4)

广东增值税专用发票
发 票 联

No 03252213

开票日期：2017 年 12 月 10 日

<table>
<tr><td rowspan="4">购货单位</td><td>名　　称：</td><td colspan="2">广州市牛牛乳业有限公司</td><td rowspan="4">密码区</td><td colspan="3">3＜＞20－3＋8＋7＜＋5－2＋123＜
4＞＋6059/34776192－/－＋/8＞
1＜12/5＜1＋＋/28220＊49/0</td><td>加密版本号：
78
3240023134</td><td rowspan="7">第三联：发票联　购货方记账凭证</td></tr>
<tr><td>纳税人识别号：</td><td colspan="2">440122312560688950</td></tr>
<tr><td>地　址、电　话：</td><td colspan="2">广州市中山路 18 号</td></tr>
<tr><td>开户行及账号：</td><td colspan="2">工行中山支行
4077300005699</td></tr>
<tr><td>货物或应税劳务名称</td><td>规格型号</td><td>单位</td><td>数量</td><td>单价</td><td>金额</td><td>税率</td><td>税额</td></tr>
<tr><td>鲜奶</td><td></td><td>千克</td><td>11 000</td><td>4.90</td><td>53 900.00</td><td>17%</td><td>9 163.00</td></tr>
<tr><td colspan="3">合　　计</td><td></td><td></td><td>53 900.00</td><td></td><td>9 163.00</td></tr>
<tr><td colspan="2">价税合计（大写）</td><td colspan="3">陆万叁仟零陆拾叁元整</td><td colspan="2">（小写）￥63 063.00</td><td colspan="2"></td></tr>
<tr><td rowspan="4">销货单位</td><td>名　　称：</td><td colspan="4">广州金泉股份有限公司</td><td rowspan="4">备注</td><td colspan="3" rowspan="4">广州金泉股份有限公司
440102708258082234
发票专用章</td></tr>
<tr><td>纳税人识别号：</td><td colspan="4">440102708258082234</td></tr>
<tr><td>地　址、电　话：</td><td colspan="4">广州市金泉路 187 号</td></tr>
<tr><td>开户行及账号：</td><td colspan="4">建行广州市金泉支行
4077310004150</td></tr>
</table>

收款人：关山　　　复核：许清　　　开票人：刘艳　　　销货单位：（章）

表 1-2-10 (3/4)

<table>
<tr><td rowspan="7">中国工商银行
转账支票存根

支票号码 No.
附加信息

出票日期　　年　月　日

收款人：
金　额：
用　途：

单位主管：　　　会计：</td><td colspan="4">支票号码 No.</td></tr>
<tr><td colspan="4">中国工商银行转账支票</td></tr>
<tr><td colspan="2">出票日期（大写）　　年　月　日</td><td colspan="2">付款行名称：</td></tr>
<tr><td colspan="2">收款人：</td><td colspan="2">出票人账号：</td></tr>
<tr><td rowspan="2">本支票付款期限十天</td><td>人民币
（大写）</td><td colspan="2">亿千百十万千百十元角分</td></tr>
<tr><td colspan="3"></td></tr>
<tr><td colspan="4">用途：_____
上列款项请从
我账户内支付
出票人签章　　　　复核　　　记账</td></tr>
</table>

表 1-2-10（4/4）

收　料　单

年　月　日　　　　　　　　　字第　号

编号	材料名称	规格	送验数量	实收数量	单位	单价	金　额								
							十	万	千	百	十	元	角	分
来料单位		发票　号		年　月　日收到										
														③会计
备注		验收人			合计¥									

会计　　　出纳　　　　复核　　　　记账　　　　制单

（10）12月10日，于12月3日（第四笔业务）向深圳红光公司购入的奶粉、白糖、香精入库，收料单见表1-2-11。

表 1-2-11

收　料　单

年　月　日　　　　　　　　　字第　号

编号	材料名称	规格	送验数量	实收数量	单位	单价	金　额								
							十	万	千	百	十	元	角	分
来料单位		发票　号		年　月　日收到										
														③会计
备注		验收人			合计¥									

会计　　　出纳　　　　复核　　　　记账　　　　制单

（11）12月11日，乳酸车间领用鲜奶13 000千克，奶粉120千克，香精45千克，领料单见表1-2-12。

表 1-2-12

___字第_____号　　　　　　　　　　领　料　单
领料部门_____　　　　　　　　　　　年　月　日　　　　　　　　No.0007119
生产通知单号别_____

制品名称：				制造数量：				领料用途：									备注
编号	品名	规格	单位	请领数量	实发数量	单价	金　额										
							十	万	千	百	十	元	角	分			
附件：				张	合　计												

主管　　会计　　记账　　发料　　领料　　制单

第二联：交会计部门

（12）12月15日，向广州金泉股份有限公司购鲜奶13 000千克，每千克5元，价款65 000元，增值税11 050元，合计76 050元，鲜奶入库，款未付。收料单见表1-2-13。

表 1-2-13（1/3）　　　　　　　　　　收　料　单
　　　　　　　　　　　　　　　　　年　月　日　　　　　　　　字第　　号

		来料单位　　　　发票　　号　　　年　月　日收到													
编号	材料名称	规格	送验数量	实收数量	单位	单价	金　额								
							十	万	千	百	十	元	角	分	
备注			验收人				合计￥								

③会计

会计　　出纳　　复核　　记账　　制单

表1-2-13 (2/3)

广东增值税专用发票
抵 扣 联

No 03256186

开票日期：2017年12月15日

购货单位	名　　　称：广州市牛牛乳业有限公司 纳税人识别号：440122312560688950 地址、电话：广州市中山路18号 开户行及账号：工行中山支行 4077300005699	密码区	3＜＞20-3+8+7＜+5-2+487＜ 加密版本号： 4＞+6059/3477626-/-+/8＞　　81 1＜12/5＜1++/28220*49/0　3240023216 6＞5＜24-＞＞3*05/＞＞92　07881134		
货物或应税劳务名称	规格型号	单位	数量	单价	金额	税率	税额
鲜奶		千克	13 000	5.00	65 000.00	17%	11 050.00
合　计					65 000.00		11 050.00
价税合计（大写）	柒万陆仟零伍拾元整		（小写）￥76 050.00				
销货单位	名　　　称：广州金泉股份有限公司 纳税人识别号：4401027082258082234 地址、电话：广州市金泉路187号 开户行及账号：建行广州市金泉支行 4077310004150	备注	（广州金泉股份有限公司 发票专用章）				

第二联：抵扣联　购货方扣税凭证

收款人：关山　　　复核：许清　　　开票人：刘艳　　　销货单位：（章）

表1-2-13 (3/3)

广东增值税专用发票
发 票 联

No 03256186

开票日期：2017年12月15日

购货单位	名　　　称：广州市牛牛乳业有限公司 纳税人识别号：440122312560688950 地址、电话：广州市中山路18号 开户行及账号：工行中山支行 4077300005699	密码区	3＜＞20-3+8+7＜+5-2+487＜ 加密版本号： 4＞+6059/3477626-/-+/8＞　　81 1＜12/5＜1++/28220*49/0　3240023216 4-＞＞3*05/＞＞92 07881134		
货物或应税劳务名称	规格型号	单位	数量	单价	金额	税率	税额
鲜奶		千克	13 000	5.00	65 000.00	17%	11 050.00
合　计					65 000.00		11 050.00
价税合计（大写）	柒万陆仟零伍拾元整		（小写）￥76 050.00				
销货单位	名　　　称：广州金泉股份有限公司 纳税人识别号：440102708258082234 地址、电话：广州市金泉路187号 开户行及账号：建行广州市金泉支行 4077310004150	备注	（广州金泉股份有限公司 发票专用章）				

第三联：发票联　购货方记账凭证

收款人：关山　　　复核：许清　　　开票人：刘艳　　　销货单位：（章）

(13) 12月16日，乳酸车间领用鲜奶13 500千克，白糖2 500千克，领料单见表1-2-14。

表1-2-14

____字第_____号　　　　　　　　　　**领　料　单**　　　　　　　　　No.0007127
领料部门_____　　　　　　　　　　　　年　月　日
生产通知单号别_____

制品名称：　　　　　制造数量：　　　　　领料用途：

编号	品名	规格	单位	请领数量	实发数量	单价	金额 十万千百十元角分	备注
附件：			张	合　计				

主管　　　会计　　　记账　　　发料　　　领料　　　制单

（第二联：交会计部门）

(14) 12月23日，向广州金泉股份有限公司购鲜奶24 000千克，每千克5.10元，价款122 400元，增值税20 808元，合计143 208元（承兑商业承兑汇票，期限两个月），鲜奶入库，见表1-2-15。

表1-2-15（1/4）　　　　　　　**收　料　单**
　　　　　　　　　　　　　　　　　年　月　日　　　　　　　字第　号

	来料单位		发票　号		年　月　日收到			
编号	材料名称	规格	送验数量	实收数量	单位	单价	金额 十万千百十元角分	
								③ 会计
备注			验收人			合计¥		

会计　　　出纳　　　复核　　　记账　　　制单

表 1-2-15（2/4）

广东增值税专用发票
抵 扣 联

No 03251886

开票日期：2017 年 12 月 23 日

购货单位	名　　　称：	广州市牛牛乳业有限公司	密码区	3<>20-3+8+7<+5-2+487<	加密版本号：29 3240023221 07881134
	纳税人识别号：	440122312560688950		4>+6059/3477626-/-+/8>	
	地址、电话：	广州市中山路18号		1<12/5<1++/28220*49/0	
	开户行及账号：	工行中山支行4077300005699		6>5<24->>3*05/>>92	

货物或应税劳务名称	规格型号	单位	数量	单价	金额	税率	税额
鲜奶		千克	24 000	5.10	122 400.00	17%	20 808.00
合　　计					122 400.00		20 808.00

价税合计（大写）	壹拾肆万叁仟贰佰零捌元整		（小写）¥ 143 208.00

销货单位	名　　　称：	广州金泉股份有限公司	备注	
	纳税人识别号：	440102708258082234		广州金泉股份有限公司
	地址、电话：	广州市金泉路187号		440102708258082234
	开户行及账号：	建行广州市金泉支行 4077310004150		发票专用章

收款人：关山　　　复核：许清　　　开票人：刘艳　　　销货单位：（章）

第二联：抵扣联 购货方扣税凭证

表 1-2-15（3/4）

广东增值税专用发票
发 票 联

No 03251886

开票日期：2017 年 12 月 23 日

购货单位	名　　　称：	广州市牛牛乳业有限公司	密码区	3<>20-3+8+7<+5-2+487<	加密版本号：29 3240023221 07881134
	纳税人识别号：	440122312560688950		4>+6059/3477626-/-+/8>	
	地址、电话：	广州市中山路18号		1<12/5<1++/28220*49/0	
	开户行及账号：	工行中山支行4077300005699		6>5<24->>3*05/>>92	

货物或应税劳务名称	规格型号	单位	数量	单价	金额	税率	税额
鲜奶		千克	24 000	5.10	122 400.00	17%	20 808.00
合　　计					122 400.00		20 808.00

价税合计（大写）	壹拾肆万叁仟贰佰零捌元整		（小写）¥ 143 208.00

销货单位	名　　　称：	广州金泉股份有限公司	备注	
	纳税人识别号：	440102708258082234		广州金泉股份有限公司
	地址、电话：	广州市金泉路187号		440102708258082234
	开户行及账号：	建行广州市金泉支行 4077310004150		发票专用章

收款人：关山　　　复核：许清　　　开票人：刘艳　　　销货单位：（章）

第三联：发票联 购货方记账凭证

表1-2-15（4/4）

商 业 承 兑 汇 票　（卡片）　1

出票日期　贰零壹柒年壹拾贰月贰拾叁日　　　　第0109号
（大写）

付款人	全称	广州市牛牛乳业有限公司	收款人	全称	广州金泉股份有限公司
	账号	4077300005699		账号	532458—75894
	开户银行	工商银行广州分行中山支行		开户银行	建行广州市金泉支行

出票金额	人民币（大写）	壹拾肆万叁仟贰佰零捌元整	千百十万千百十元角分 ¥143208００

| 汇票到期日（大写） | 贰零壹捌年零贰月贰拾叁日 | 付款人开户行 | 账号 |
| | | | 地址 |

交易合同号：03870　　　备注：

（盖章：中国工商银行广州分行 中山支行 2017.12.23）

出票人签章

此联承兑人留存

（15）12月24日，乳酸车间领用鲜奶20 000千克，奶粉280千克，白糖500千克，领料单见表1-2-16。

表1-2-16

____字第_____号　　　　领　料　单
领料部门_____　　　　　　年　月　日　　　　No.0007120
生产通知单号别_____

制品名称：					制造数量：			领料用途：							
编号	品名	规格	单位	请领数量	实发数量	单价	金额							备注
							十	万	千	百	十	元	角	分	

附件：　　　　　　　　　张　合　计

主管　　　　会计　　　　记账　　　　发料　　　　领料　　　　制单

第二联：交会计部门

(16) 12月31日，对有关存货进行清查，报告表见表1-2-17。

表1-2-17

材料盘点盈亏报告表

类别：原材料等存货　　　　　　　2017年12月31日　　　　　　　　仓库1

材料编号	材料名称和规格	计量单位	数量		单位成本	盈余		亏短		盈亏原因	审批意见
			账存	实存		数量	金额	数量	金额		
	鲜奶	千克	4 500	4 400				100		自然损耗	按自然损耗计入管理费用
	奶粉	千克	50	48				2		自然损耗	按自然损耗计入管理费用
	白糖	千克	100	105		5				自然溢余	按自然溢余冲减管理费用
	金额合计										

制表：黄河　　　　　　　　　　　　　　　　　　　　　　　　　　审核：李力

提示：先完成原材料、周转材料明细账（求出月末加权平均单位成本），才能完成材料盘点盈亏报告表及下一业务题的领料凭证汇总表。

(17) 12月31日，编制耗用材料汇总表（除内包装及纸箱外，对共同耗用的原材料按工时分配：500毫升酸奶工时为10 000小时，250毫升酸奶工时为6 000小时），见表1-2-18。

表1-2-18

领料凭证汇总表

领料部门	领取材料名称	用途	数量	单价（元）	金额（元）
基本生产车间					
小　计					
辅助生产车间					
行政管理部门					
合　计					

制表：黄河　　　　　　　　　　　　　　　　　　　　　　　　　　审核：李力

实训三　往来业务会计岗位实训

一、实训目的

1. 了解往来业务会计岗位的职责。
2. 了解企业结算制度及往来业务的确认。
3. 掌握往来业务核算的账务处理。
4. 掌握坏账计提、确认、转销的账务处理。

二、实训要求

1. 根据资料设置有关应收账款、应付账款总账和明细账，登记月初余额。
2. 根据经济业务，逐笔登记有关原始凭证和编制记账凭证。
3. 根据记账凭证登记有关明细账，并进行月结。
4. 月末根据科目汇总表登记有关总账。
5. 将明细账与总账余额进行核对。
6. 实训用纸：总账7张，三栏式明细账14张，记账凭证汇总表1张，记账凭证20张。

三、实训资料

1. 贵阳大华机械股份有限公司，为一般纳税人，增值税税率17%。该公司地址：贵阳市中南路35号；税务登记号：605034879123657；开户银行：中国工商银行贵阳分行中南路支行，账号：7179-8911-4532。

2. 该厂的坏账损失采用备抵法核算，按企业以往的经验估计，坏账准备金按年末应收账款余额的10%提取。

3. 2017年12月该公司有关往来业务总账、明细账的月初余额见表1-3-1。

表1-3-1　　往来业务总账、明细账月初余额

总账账户	二级账户	明细账户	借方余额	贷方余额
应收账款		沈阳市农机公司	2 000	
		广州光华股份有限公司	176 000	
		贵阳市钢铁集团	3 000	
		上海长江股份有限公司	216 000	
其他应收款		高山	3 000	

续表

总账账户	二级账户	明细账户	借方余额	贷方余额
坏账准备				1 800
应收票据	商业承兑汇票	西安市新兴发农机公司	27 300	
	银行承兑汇票	太原市钢铁集团	20 000	
应付账款		贵阳市物资公司		21 500
		贵阳市设备有限公司		117 000
预收账款		北京万福有限责任公司		50 000
其他应付款		张明		1 570

4. 2017年12月，该公司有关往来业务如下：

（1）2日，采购科郑平出差，借支差旅费2 000元，现金付讫，见表1-3-2。

表1-3-2（1/2）

借　　据

部门：采购科　　　　　　　2017年12月2日　　　　　　　　　第1号

今借到

人民币（大写） <u>贰仁元整</u>　　　　　　　　　　　　　　　￥2 000.00　此据　　③ 会计记账

借款用途说明　<u>出差</u>

主管人批准 陆建国	财务负责人意见 同意 王强	部门负责人意见 同意 周雄	借款人 郑平

会计：周平　　　　复核：王强　　　　出纳：罗丹　　　　经手：

表1-3-2（2/2）

现 金 支 出 凭 单

第1号

附件 1 张　　　　　　　2017年12月2日

对方科目	
编　号	

用款
事项：<u>郑平借支差旅费</u>

人民币
（大写）：<u>贰仁元整</u>　　　　　　【现金付讫】　　￥2 000.00

收款人 郑平 （签章）	主管人员 王强 （签章）	会计人员 周平 （签章）	出纳员 付讫 罗丹 （签章）

（2）3日，销售产品磨粉机100台给山东济南机械股份公司（该公司地址：济南市东山路180号；税务登记号：306012871123691；开户银行：中国工商银行济南分行中南路支行，账号：2310－2913－1295），每台3 500元，价款35万元，增值税59 500元，合计409 500元；开出转账支票代垫运费2 000元；向银行办妥托收承付手续（电划）；见表1－3－3。

表1－3－3（1/4）

贵州增值税专用发票   № 02887641

此联不作报销、扣税凭证使用

开票日期：　　　　　　　　　　　　　　年　　月　　日

购货单位	名　　称：				密码区	（略）			第三联：记账联　销货方记账凭证
	纳税人识别号：								
	地址、电话：								
	开户行及账号：								
货物或应税劳务名称	规格型号	单位	数量	单价	金额	税率	税额		
合　计									
价税合计（大写）				（小写）¥					
销货单位	名　　称：				备注				
	纳税人识别号：								
	地址、电话：								
	开户行及账号：								

收款人：　　　　　复核：　　　　　开票人：　　　　　销货单位（章）

表1－3－3（2/4）

托收凭证（受理回单） 1

委托日期　　　　年　　月　　日

	业务类型	委托收款（□邮划　□电划）		托收承付（□邮划　□电划）									
付款人	全　称		收款人	全　称									
	账　号			账　号									
	开户银行			开户银行									
托收金额	人民币（大写）				千	百	十	万	千	百	十	元	角	分
款项内容	货款	托收凭据名称	托收承付	附寄单证张数			3张						
商品发运情况		已发运	合同名称号码			9087							
备注：			款项收妥日期		收款单位开户银行盖章								
复核　　　记账			年　月　日		年　月　日								

表 1-3-3（3/4）

贵州增值税专用发票
发 票 联

No 02884579

开票日期：2017 年 12 月 3 日

购货单位	名　　　称：山东济南机械股份有限公司 纳税人识别号：306012871123691331 地址、电话：济南市东山路180号 开户行及账号：中国工商银行济南分行中南路支行 　　　　　　　2310-2913-1295	密码区	（略）

货物或应税劳务名称	规格型号	单位	数量	单价	金额	税率	税额
运　费					1 801.80	11%	198.20
合　计					1 801.80		198.20

价税合计（大写）	贰仟元整	（小写）￥2 000.00

销货单位	名　　　称：贵阳市物资托运公司 纳税人识别号：605034784512547454 地址、电话：贵阳市锦江路445号 开户行及账号：建行光明路支行45832532	备注	磨粉机 100 台

收款人：杨林　　　复核：张芳　　　开票人：李煌玉　　　销货单位：（章）

注：此发票转给购货方。

表 1-3-3（4/4）

中国工商银行 转账支票存根 支票号码　No. 附加信息 _____ _____ 出票日期　年　月　日 收款人： 金　额： 用　途：	中国工商银行转账支票 支票号码 No. 出票日期（大写）　年　月　日　付款行名称： 收款人：　　　　　　　　　　　出票人账号： 本支票付款期限十天　人民币（大写）　｜亿｜千｜百｜十｜万｜千｜百｜十｜元｜角｜分｜ 用途：_____ 上列款项请从 我账户内支付 出票人签章　　　　　　　　　复核　　　记账
单位主管：　　会计：	

(3) 4日，收到贵阳市物资公司前欠货款21 500元（支票），见表1-3-4。

表1-3-4（1/2）

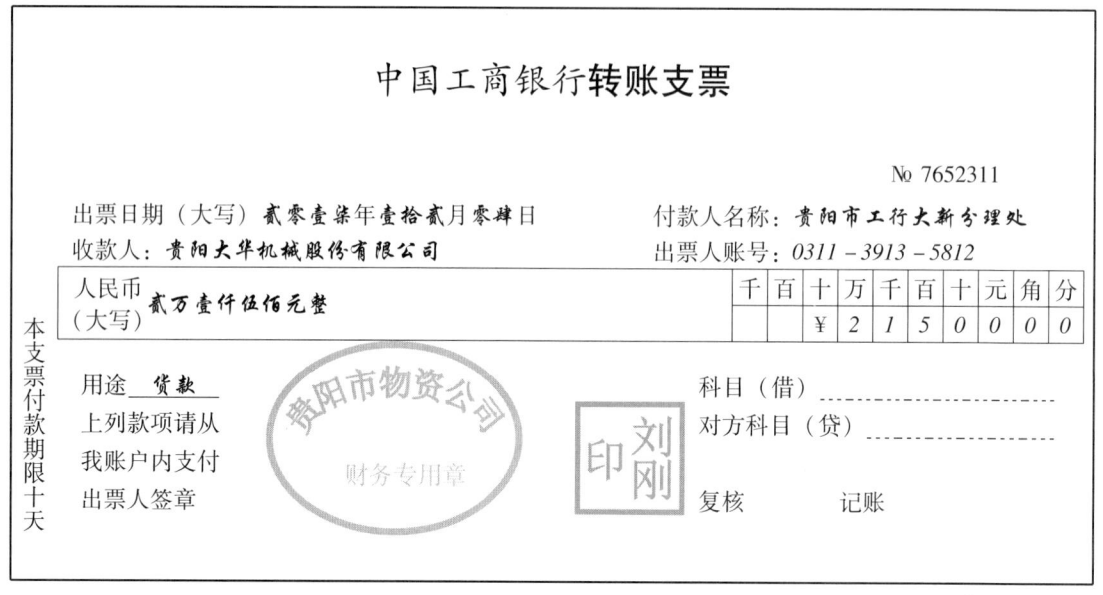

表1-3-4（2/2）

工商银行 进 账 单（收账通知） 3																
年 月 日 第 号																
出票人	全 称			收款人	全 称											此联是收款人开户银行交给收款人的收账通知
	账 号				账 号											
	开户银行				开户银行											
人民币（大写）						千	百	十	万	千	百	十	元	角	分	
票据种类			票据张数													
票据号码																
											收款人开户行盖章					
复核					记账											

(4) 7日，高山出差回来，报销差旅费2 920元（原借3 000元，交回现金80元），见表1-3-5。

表 1-3-5（1/2）

旅 差 费 报 销 单

单位名称

填报日期：2017 年 12 月 7 日

姓 名	高山	出差地点	北京			出差日期	自 2017 年 11 月 30 日 至 2017 年 12 月 5 日			
事由	公差									

日期			起讫地点		车船费		在途补助			住勤补助			杂(宿)费	备注
年	月	日	起	讫	类别	金额	行程时间	标准	金额	日数	标准	金额		
2017	11	30	贵阳	北京		1 200.00	小时			5	40	200.00	320.00	
	12	5	北京	贵阳		1 200.00	小时							
							小时							
合 计						2 400.00						200.00	320.00	2 920.00

以上单据共 10 张 总计金额人民币（大写）零万贰仟玖佰贰拾零元零角零分	经盖领人章	高山
预支旅费人民币￥3 000 元，缴回现金人民币￥80 元		

主管王强　　　　　审核周平　　　　　出纳罗丹　　　　　填报人高山

表 1-3-5（2/2）

现 金 收 入 凭 单

第 1 号

对方科目编号	

附件　　张　　　　　　2017 年 12 月 7 日

用款事项：交回多余差旅费

人民币（大写）：捌拾元整　　　　　　　　　　￥80.00

现金收讫

收款人高山 （签章）	主管人员王强 （签章）	会计人员周平 （签章）	出纳员付讫罗丹 （签章）

（5）预付外购钢材款，见表 1-3-6。

表1-3-6

中国工商银行信汇凭证（回单）　　3

委托日期　2017年12月7日

汇款人	全　　称	贵阳大华机械股份有限公司			收款人	全　　称	天津大华公司		
	账号或住址	7179—8911—4532				账号或住址	0021—2820—1910		
	汇出地点	贵阳市	汇出行全称	工行中南路支行		汇入地点	天津市	汇入行全称	工行南开路支行
金额	人民币（大写）	柒仟元整			百 十 万 千 百 十 元 角 分　¥ 7 0 0 0 0 0				
款项已汇入收款人账户　中国工商银行贵阳分行　中南路支行　2017.12.07　汇入行签章					支付密码　附加信息及用途：预付货款　　　复核　　记账				

此联汇出行给付款人的回单

（6）10日，向大同市物资公司（该公司地址：大同市平阳路21号；税务登记号：701034243912311；开户银行：中国工商银行大同分行平阳路支行，账号：2119—8231—7132）销售产品50台，每台3 500元，价款175 000元，增值税29 750元，合计204 750元；开出转账支票代垫运费1 300元；收到两个月期限的商业承兑汇票；见表1-3-7。

表1-3-7（1/4）

贵州增值税专用发票　　No 02887642

此联不作报销、扣税凭证使用

开票日期　　　年　月　日

购货单位	名　　称：				密码区	（略）		
	纳税人识别号：							
	地址、电话：							
	开户行及账号：							
货物或应税劳务名称	规格型号	单位	数量	单价	金额		税率	税额
合　　计								
价税合计（大写）					（小写）¥			
销货单位	名　　称：				备注			
	纳税人识别号：							
	地址、电话：							
	开户行及账号：							

收款人：　　　　复核：　　　　开票人：　　　　销货单位（章）

第一联：记账联　销货方记账凭证

表1-3-7（2/4）

贵州增值税专用发票

发 票 联　　　　No 02884123

开票日期：2017年12月10日

购货单位	名　　称：大同市物资公司 纳税人识别号：701034243912311353 地　址、电　话：大同市平阳路21号 开户行及账号：中国工商银行大同分行平阳路支行 2119-8231-7132	密码区	（略）

货物或应税劳务名称	规格型号	单位	数量	单价	金额	税率	税额
运　费					1 171.17	11%	128.83
合　计					1 171.17		128.83

价税合计（大写）	壹仟叁佰元整	（小写）¥1 300.00

销货单位	名　　称：贵阳市金轮运输有限责任公司 纳税人识别号：605034784574986271 地　址、电　话：贵阳市黄海路78号 开户行及账号：中国工商银行光明路支行 45831479	备注	磨粉机 50 台 （贵阳市金轮运输有限责任公司 605034784574986271 发票专用章）

收款人：高明　　复核：张丽芳　　开票人：陈方同　　销货单位：（章）

第二联：发票联 购货方记账凭证

注：此发票转给购货方。

表1-3-7（3/4）

中国工商银行 转账支票存根 支票号码　No. 附加信息　_____ _____ _____ 出票日期　年　月　日 收款人： 金　额： 用　途： 单位主管：　会计：	中国工商银行**转账支票**　支票号码 No. 出票日期（大写）　年　月　日　付款行名称： 收款人：　　　　　　　　　　　　　出票人账号： 本支票付款期限十天　人民币（大写）｜亿｜千｜百｜十｜万｜千｜百｜十｜元｜角｜分｜ 　　　　　　　　　　　　　　　[　　　　　] 用途：_____ 上列款项请从 我账户内支付 出票人签章 　　　　　　　　　　　　　　　复核　　　记账

表1-3-7（4/4）

商业承兑汇票　（存根）　3

出票日期　贰零壹柒年壹拾贰月壹拾日　　　　　汇票号码：1279
（大写）

付款人	全称	大同市物资公司	收款人	全称	贵阳大华机械股份有限公司
	账号	2119—8231—7132		账号	7179—8911—4532
	开户银行	工行平阳路支行		开户银行	工行中南路支行

出票金额	人民币（大写）贰拾万陆仟零伍拾元整	千百十万千百十元角分 ¥ 2 0 6 0 5 0 0 0

汇票到期日（大写）	贰零壹捌年零贰月壹拾日	付款人开户行	账号 地址	

交易合同号：031115	备注：中国工商银行大同分行 平阳路支行 2017.12.10 (32)

出票人签章

（7）应收太原钢铁集团的商业承兑汇票到期，收到款项2万元，见表1-3-8。

表1-3-8

托收凭证（汇款依据或收款通知）　4

委托日期 2017年12月9日　　付款期限　2017年12月11日

业务类型	委托收款（□邮划　□电划）	托收承付（□邮划　□电划）			
付款人	全称	太原钢铁公司	收款人	全称	贵阳大华机械股份有限公司
	账号	0231—2121—1325		账号	7179—8911—4532
	开户银行	太原市工行红日路支行		开户银行	工行中南路支行

托收金额	人民币（大写）贰万元整	千百十万千百十元角分 ¥ 2 0 0 0 0 0 0

款项内容	货款	托收凭据名称	银行承兑汇票	托收承付	附寄单证张数	1张

商品发运情况		合同名称号码	

备注：	上列款项已划回收入你方账户内。 收款人开户银行签章 年　月　日 中国工商银行太原分行 红日路支行 2017.12.09 (21)

复核　　　记账

(8) 收到西安市新兴发农机公司到期的商业承兑汇票款，见表1-3-9。

表1-3-9

托收凭证（汇款依据或收款通知） 4

委托日期 2017年12月11日　　　付款期限 2017年12月14日

业务类型		委托收款（□邮划　□电划）		托收承付（□邮划　□电划）									
付款人	全　称	西安市新兴发农机公司	收款人	全　称	贵阳大华机械股份有限公司								
	账　号	0191-9121-1334		账　号	7179-8911-4532								
	开户银行	工行西安市民主路支行		开户银行	工行中南路支行								
托收金额	人民币（大写）	贰万柒仟叁佰元整			千	百	十	万	千	百	十	元	角	分
								¥	2	7	3	0	0	0
款项内容	货款	托收凭据名称	商业承兑汇票	托收承付	附寄单证张数			1张					
商品发运情况			合同名称号码										
备注：			上列款项已划回收入你方账户内。收款人开户银行签章　　年　月　日		中国工商银行西安分行 民主路支行 2017.12.11 （21）								
	复核	记账											

(9) 14日，向北京万福有限责任公司（该公司地址：北京市海淀区中山路71号；税务登记号：101034653915376；开户银行：北京市工行海淀支行，账号1109-4131-4632）销售产品20台，每台3 500元，价款7万元，增值税11 900元，合计81 900元；开出转账支票代垫运费1 100元，原预收5万元，剩余货款未收；见表1-3-10。

表1-3-10（1/3）

No 02887643

贵州增值税专用发票

此联不作报销、扣税凭证使用

开票日期：　　　年　月　日

购货单位	名　　称：								
	纳税人识别号：				密码区		（略）		
	地址、电话：								
	开户行及账号：								
货物或应税劳务名称	规格型号	单位	数量	单价	金额		税率	税额	
合　计									
价税合计（大写）					（小写）¥				
销货单位	名　　称：				备注				
	纳税人识别号：								
	地址、电话：								
	开户行及账号：								

收款人：　　　　　复核：　　　　　开票人：　　　　　销货单位（章）

表1-3-10（2/3）

贵州增值税专用发票　　　　No 02884127
发 票 联　　　　开票日期：2017年12月14日

购货单位	名　　　称：北京万福有限责任公司 纳税人识别号：101034653915376444 地　址、电　话：北京市海淀区中山路71号 开户行及账号：工行北京市海淀支行110941314632	密码区	（略）

货物或应税劳务名称	规格型号	单位	数量	单价	金额	税率	税额
运　费					990.99	11%	109.01
合　计					990.99		109.01

价税合计（大写）	壹仟壹佰元整	（小写）￥1 100.00

销货单位	名　　　称：贵阳市金轮运输有限责任公司 纳税人识别号：605034784574986271 地　址、电　话：贵阳市黄海路78号 开户行及账号：工行光明路支行45831479	备注	磨粉机20台

收款人：高明　　复核：张丽芳　　开票人：陈方同　　销货单位：（章）

注：此发票转给购货方。

表1-3-10（3/3）

中国工商银行 转账支票存根 支票号码　No. 附加信息 出票日期　年　月　日 收款人： 金额： 用途： 单位主管：　会计：	支票号码 No. **中国工商银行**转账支票 出票日期（大写）　年　月　日　　付款行名称： 收款人：　　　　　　　　　　　出票人账号： 人民币 （大写）　　　　亿千百十万千百十元角分 本支票付款期限十天 用途： 上列款项请从 我账户内支付 出票人签章　　　　　　　　复核　　记账

(10) 19日，收到北京万福有限责任公司剩余货款33 000元，见表1-3-11。

表1-3-11

中国工商银行信汇凭证（收账通知） 4

委托日期 2017年12月17日

汇款人	全称	北京万福有限责任公司	收款人	全称	贵阳大华机械股份有限公司
	账号或住址	1109-4131-4632		账号或住址	7179-8911-4532
	汇出地点	北京市	汇出行全称	工行海淀支行	汇入地点 贵阳市 汇入行全称 工行中南路支行

金额	人民币（大写）	叁万叁仟元整	百 十 万 千 百 十 元 角 分
			¥ 3 3 0 0 0 0 0

款项已汇入收款人账户

中国工商银行北京分行
海淀支行
2017.12.17
(31)

汇入行签章

支付密码

附加信息及用途：

复核　　　记账

此联给收款人的收账通知

(11) 张明领取上月未领的工薪1 570元，见表1-3-12。

表1-3-12（1/2）

现金支出凭单

第2号

附件 1张　　　　2017年12月19日

对方科目编号

用款事项：	张明领上月未领工薪		
人民币（大写）：	壹仟伍佰柒拾元整		¥ 1 570.00
收款人 张明（签章）	主管人员 王强（签章）	会计人员 周平（签章）	出纳员 付讫 罗丹（签章）

现金付讫

表1-3-12（2/2）

收　条

贵阳大华机械股份有限公司财务科：

　　今收到上月未领工薪人民币壹仟伍佰柒拾元整。

　　　　　　　　　　　　　　　　　　　　领款人：张明

　　　　　　　　　　　　　　　　　　　　2017年12月19日

（12）出租包装物，收到押金 2 000 元，见表 1-3-13。

表 1-3-13（1/2）

工商银行 进账单（收账通知） 3

2017 年 12 月 20 日　　　　　　　　　　　　　　　　　第 519 号

出票人	全称	贵阳市农机公司	收款人	全称	贵阳大华机械股份有限公司
	账号	6101-4231-7812		账号	7179-8911-4532
	开户银行	工行中南路支行		开户银行	工行中南路支行

人民币（大写）	贰仟元整	千	百	十	万	千	百	十	元	角	分
					¥	2	0	0	0	0	0

票据种类	支票	票据张数	1
票据号码	48811		

中国工商银行贵阳分行
中南路支行
收款人开户行盖章
（21）

复核　　　记账

表 1-3-13（2/2）

收　　据

第 1 号

附件　1　张　　　　　　2017 年 12 月 20 日　　　　　对方科目编号

交款单位：贵阳市农机公司

事　　项：包装物押金

人民币（大写）：贰仟元整　　　　　现金收讫　　　　¥ 2 000.00

收款人　　　主管人员 王强　　　会计人员 周平　　　出纳员 付讫 罗丹
（签章）　　（签章）　　　　　　（签章）　　　　　（签章）

（13）19 日，购买钢材，承兑三个月期限的银行承兑汇票，见表 1-3-14。

表1-3-14（1/5）

湖北增值税专用发票
抵 扣 联

No 02561282

开票日期：2017年12月21日

购货单位	名　　　　称：贵阳大华机械股份有限公司 纳税人识别号：605034879123657030 地址、电话：贵阳市大华路35号 开户行及账号：工行中南路支行7179-8911-4532	密码区	略		
货物或应税劳务名称	规格型号	单位	数量	单价	金额	税率	税额
钢材		吨	5	2 000	10 000.00	17%	1 700.00
合　计					10 000.00		1 700.00
价税合计（大写）	壹万壹仟柒佰元整				（小写）￥11 700.00		
销货单位	名　　　　称：武汉钢铁集团 纳税人识别号：440601284511124242 地址、电话：武汉市江汉路13号 开户行及账号：建行武汉市江汉路支行0326-3478-9531	备注	武汉钢铁集团 440601284511124242 发票专用章		

收款人：王军　　复核：刘欢　　开票人：李玲　　销货单位：（章）

第二联：抵扣联　购货方扣税凭证

表1-3-14（2/5）

湖北增值税专用发票
发 票 联

No 02561282

开票日期：2017年12月21日

购货单位	名　　　　称：贵阳大华机械股份有限公司 纳税人识别号：605034879123657030 地址、电话：贵阳市大华路35号 开户行及账号：工行中南路支行7179-8911-4532	密码区	略		
货物或应税劳务名称	规格型号	单位	数量	单价	金额	税率	税额
钢材		吨	5	2 000	10 000.00	17%	1 700.00
合　计					10 000.00		1 700.00
价税合计（大写）	壹万壹仟柒佰元整				（小写）￥11 700.00		
销货单位	名　　　　称：武汉钢铁集团 纳税人识别号：440601284511124242 地址、电话：武汉市江汉路13号 开户行及账号：建行武汉市江汉路支行0326-3478-9531	备注	武汉钢铁集团 440601284511124242 发票专用章		

收款人：王军　　复核：刘欢　　开票人：李玲　　销货单位：（章）

第三联：发票联　购货方记账凭证

表1-3-14（3/5）

银 行 承 兑 汇 票　（存根）2

出票日期　贰零壹柒年壹拾贰月贰拾壹日　　　　　　汇票号码：4620
（大写）

付款人	全　称	贵阳大华机械股份有限公司	收款人	全　称	武汉钢铁集团
	账　号	7179-8911-4532		账　号	0326-3478-9531
	开户银行	工行中南路支行		开户银行	建行武汉市江汉路支行

出票金额	人民币（大写）	壹万壹仟柒佰元整	千百十万千百十元角分 ¥1 1 7 0 0 0 0

汇票到期日（大写）	贰零壹捌年 零叁月 贰拾壹日	付款人开户行	账号 地址	

承兑协议编号：	本汇票已经承兑，到期由本行付款。
本汇票请你行承兑，到期无条件付款。	
出票人签章　中国工商银行贵阳分行 中南路支行 2017.12.21 (31)	承兑行签章 承兑日期 年　月　日　　复核　记账

表1-3-14（4/5）

中国工商银行 收费凭证

2017年12月21日　　　　　　　　　　　　　　第108号

户名	贵阳大华机械股份有限公司	开户银行	工行贵阳市中南路支行
账号	7179-8911-4532	收费种类	银行承兑汇票手续费

	凭证（结算）种类	单价	数量	金　额 万千百十元角分	第一联回单
1. 客户购买凭证时在"收费种类"栏填写工本费，在"凭证种类"栏填写所购凭证名称。 2. 客户在办理结算业务时，在"收费种类"栏分别填写手续费或邮电费，在"结算种类"栏填写办理的结算方式。				1 0 0 0 0	
	合计 人民币 大写	壹佰元整 中国工商银行贵阳分行 中南路支行 2017.12.21 (31)		¥1 0 0 0 0	

复核：侯春　　　　　　　　　　　　　　　　　　　记账：伍亮

表 1-3-14（5/5）

银行承兑协议　　　　1

编号：187

银行承兑汇票的内容：

出票人全称<u>贵阳大华机械股份有限公司</u>　收款人全称<u>武汉钢铁集团</u>
开户银行<u>工行贵阳市中南路支行</u>　　　开户银行<u>建行武汉市江汉路支行</u>
账　　号<u>7179-8911-4532</u>　　　　　账　　号<u>0326-3478-9531</u>
汇票号码<u>4620</u>　　　　　　　　　　汇票金额（大写）<u>壹万壹仟柒佰元整</u>
出票日期<u>2017</u>年<u>12</u>月<u>21</u>日　　　　到期日期<u>2018</u>年<u>3</u>月<u>21</u>日

以上汇票经银行承兑，出票人愿遵守《支付结算办法》的规定及以下条款：

一、出票人于汇票到期日前将应付票款足额承兑银行。
二、承兑手续费按票面金额千分之（　）计算，在银行承兑时一次付清。
三、出票人与持票人如发生任何交易纠纷，均由其双方自行处理，票款于到期前仍按第一条办理不误。
四、承兑汇票到期日，承兑银行凭票无条件支付票款。如到期日之前出票人不能足额交付票款时，承兑银行对不足支付部分的票款作出票申请人逾期贷款，并按照有关规定计收罚息。
五、承兑汇票款付清后，本协议自动失效。

承兑银行签章　　　　　　　　　　　　出票人签章

　　　　　　　　　　　　　　　　　　订立承兑协议日期<u>2017</u>年<u>12</u>月<u>21</u>日

（14）21 日，收回已核销的坏账 3 000 元，见表 1-3-15。

表 1-3-15

中国工商银行信汇凭证（收账通知）　　4

委托日期　2017 年 12 月 19 日

汇款人	全称	长沙市食品有限责任公司破产清算组			收款人	全称	贵阳大华机械股份有限公司			
	账号或住址	2209-4113-4641				账号或住址	7179-8911-4532			
	汇出地点	长沙市	汇出行全称	工行岳阳楼支行		汇入地点	贵阳市	汇入行全称	工行中南路支行	
金额	人民币（大写）	叁仟元整			百 十 万 千 百 十 元 角 分					
					￥ 3 0 0 0 0 0					
款项已汇入收款人账户 中国工商银行贵阳分行 中南路支行 2017.12.19 汇入行签章					支付密码 附加信息及用途： 破产清偿债务 复核　　　记账					

（15）确认沈阳市农机公司原欠款 2 000 元为坏账，见表 1-3-16。

表 1-3-16

确认坏账报告

贵阳大华机械股份有限公司董事会：

  沈阳市农机公司 2015 年 12 月 20 日欠我单位货款 2 000 元，因其经营不善濒临破产，经多方催收无效。现报请领导批准转作坏账损失处理。

财务科长：*王强*

2017 年 12 月 22 日

经 2017 年 12 月 22 日董事会批准，同意按坏账损失处理。

贵阳大华机械股份有限公司董事长：刘刚

2017 年 12 月 22 日

（16）贵阳市钢铁公司破产，原欠款 3 000 元，只还款 600 元，其余作为坏账处理，见表 1-3-17。

表 1-3-17（1/2）

贵阳市钢铁集团破产清算组破产还债通知书

贵阳大华机械股份有限公司：

  根据贵阳市人民法院（2017）中法破字第 2 号的破产程序原欠你单位债务额 3 000 元，按偿还比例的 20%，用银行存款归还 600 元，其余款项无资受偿，请自行核销处理人民币 2 400 元。

贵阳市钢铁集团破产清算组

2017 年 12 月 23 日

表1-3-17（2/2）

工商银行 进账单（收账通知） 3

2017年12月23日　　　　　　　　　　　　　　　　第210号

出票人	全称	贵阳市钢铁集团	收款人	全称	贵阳大华机械股份有限公司
	账号	7012-4529-1294		账号	7179-8911-4532
	开户银行	工行光明路支行		开户银行	工行中南路支行

人民币（大写）	陆佰元整	千	百	十	万	千	百	十	元	角	分
					¥	6	0	0	0	0	0

票据种类	支票	票据张数	1
票据号码		21076	

中国工商银行贵阳分行
中南路支行
2017.12.23
（21）
收款人开户行盖章

复核　　　　记账

（17）26日，广州光华股份有限公司原欠货款176 000元到期，现还款100 000元，另76 000元开出两个月期限的商业承兑汇票，见表1-3-18。

表1-3-18（1/2）

商业承兑汇票　（存根） 3

出票日期　贰零壹柒年壹拾贰月贰拾陆日　　　　　汇票号码：8892
　　　　　（大写）

付款人	全称	广州光华股份有限公司	收款人	全称	贵阳大华机械股份有限公司
	账号	0205-7489-2109		账号	7179-8911-4532
	开户银行	工行环市路支行		开户银行	工行中南路支行

出票金额	人民币（大写）柒万陆仟元整	千	百	十	万	千	百	十	元	角	分
				¥	7	6	0	0	0	0	0

汇票到期日（大写）	贰零壹捌年零贰月贰拾陆日	付款人开户行	账号
			地址

交易合同号：03901	备注	中国工商银行广州分行 环市路支行 2017.12.26 （31）
	出票人签章	

表 1-3-18（2/2）

中国工商银行信汇凭证（收账通知） 4

委托日期 2017年12月24日

汇款人	全称	广州光华股份有限公司			收款人	全称	贵阳大华机械股份有限公司		
	账号或住址	0205-7489-2109				账号或住址	7179-8911-4532		
	汇出地点	广州市	汇出行全称	工行环市路支行		汇入地点	贵阳市	汇入行全称	工行中南路支行

金额	人民币（大写）	壹拾万元整	百	十	万	千	百	十	元	角	分
			¥	1	0	0	0	0	0	0	0

款项已汇入收款人账户

中国工商银行贵阳分行
中南路支行
2017.12.26
(31)
汇入行签章

支付密码

附加信息及用途：
清偿货款
复核　　记账

此联给收款人的收账通知

（18）27日，郑平出差回来，报销差旅费2 500元（原借2 000元，补给现金500元），见表1-3-19。

表 1-3-19（1/2）

旅 差 费 报 销 单

单位名称：采购科　　　填报日期：2017年12月27日

姓名	郑平	出差地点	北京	出差日期	自2017年12月2日 至2017年12月22日
事由	公差				

日期			起讫地点		车船费		在途补助			住勤补助			杂(宿)费	备注
年	月	日	起	讫	类别	金额	行程时间	标准	金额	日数	标准	金额		
2017	11	30	贵阳	北京		500 00	小时			20	40	800 00	700 00	
	12	5	北京	贵阳		500 00	小时							
							小时							
合计						1 000 00						800 00	700 00	2 500.00

以上单据共 10 张　总计金额人民币（大写）零万贰仟伍佰零拾零元零角零分

预支旅费人民币¥2 000元，补给人民币¥500元

经领人盖章　郑平

主管 王强　　审核 周平　　出纳 罗丹　　填报人 郑平

表1-3-19（2/2）

现 金 支 出 凭 单

第 1 号

对方科目编号

附件 1 张　　　　　　　2017 年 12 月 27 日

用 款

事 项：补给郑平差旅费

人民币（大写）：伍佰元整　　　　　　　　　　　　¥500.00

（现金付讫）

收款人 郑平　　　主管人员 王强　　　会计人员 周平　　　出纳员付讫 罗丹

（签章）　　　　　（签章）　　　　　（签章）　　　　　（签章）

（19）31日，年末计提坏账准备，见表1-3-20。

表1-3-20

坏账准备计算表

2017 年 12 月 31 日

项目	金额	备注
期初应收款项余额		
期末应收款项余额		
期初坏账准备余额（贷方）		
本期发生坏账		
本期收回坏账		
计提比例		
期末坏账准备余额		
本期应提坏账准备		

制表：周平　　　　　　　　　　　　　　　　审批：王强

实训四　职工薪酬会计岗位实训

一、实训目的

1. 了解工薪会计岗位的职责。
2. 掌握工薪的计算和工薪结算表、工薪分配表、应付福利费计算表的编制。
3. 掌握工薪提取、发放、分配的账务处理。
4. 掌握应付福利费、工会经费、职工教育费的计提和使用的账务处理。
5. 能够对发放工薪中的代扣款进行账务处理。
6. 掌握上缴代扣个人所得税、上缴社会保险费的核算。

二、实训要求

1. 根据实训资料一计算计时工薪、计件工薪和应付工薪总额；计算养老保险、失业保险、个人所得税，并填制相关的原始凭证（工薪按每月平均21天计算；夜班津贴每晚10元；病假扣款比例：不满5年55%，满5年、不满10年50%，满10年、不满20年45%，满20年及以上40%）。

2. 根据实训资料二分配应付工薪，并计算应付福利费、工会经费、职工教育经费等，并填制记账凭证，进行账务处理（每月职工的养老保险、失业保险等社会保险属于职工个人自己负担的部分，从当月工薪中扣减；职工社会保险费由广州市地方税务局从基本账户全额扣缴；职工个人所得税由企业代扣代缴）。

3. 根据记账凭证编制试算平衡表，并规范装订记账凭证，非记账凭证附件的原始凭证另行装订。

4. 实训用纸：记账凭证20张。

三、实训资料

（一）实训资料一

1. 广州天蓝服饰有限公司2017年10月份有关工薪情况见表1-4-1。
2. 根据工人计件产量计算个人工薪，见表1-4-2。
3. 根据加班天数、夜班天数计算加班工薪和夜班津贴，见表1-4-3。
4. 计算10月份应付工薪（根据表1-4-1、表1-4-2、表1-4-3资料，填入工薪结算表1-4-4、表1-4-5）。

表 1-4-1　　　　　　　　10 月份考勤、产量汇总表

部门或姓名	月标准工薪（元）	日工薪（元）	工龄（年）	考勤（天）								奖金（元）	产量（件）	
				事假	病假	婚假	产假	丧假	休息日加班	法定节日加班	夜班		服装A	服装B
基本生产车间管理人员														
1. 李丽	2 100	100	6					3		1	5	500		
2. 王伟	1 890	90	5	4					3		8	400		
基本生产车间生产工人														
1. 凌林	1 470	70	9		1				1	1	5	200	100	120
2. 江红	1 260	60	6	2		10			2		6	250	110	130
3. 王超	1 050	50	6						2		7	300	90	100
4. 刘文	1 050	50	6						1	1	8	280	95	90
5. 梁光	1 365	65	9	3					1		7	200	96	80
6. 杨林	945	45	1		1						10	100	105	85
7. 方灵	1 470	70	3				21							
8. 马青	966	46	2						1		10	400		
9. 韦胜	1 113	53	4						1	1	10	450		
10. 孙浩	1 008	48	4						1		10	420		
11. 黄利	903	43	1					3	1	1		250		
行政部门														
1. 张玲	2 520	120	6	2					1			500		
2. 黎羽	2 730	130	5	1						1		500		
3. 王光	1 092	52	3				10		1			250		
4. 曾萧	1 134	54	2									280		
合　计														

说明：凌林、江红、王超、刘文、梁光、杨林所在岗位实行按产量计算计件工薪。

表1-4-2　　　　　　　　　　　　**计件工薪计算表**

年　月　　　　　　　　　　　　　　　　　　　　　　　　　　　　单位：元

姓名	服装A（计件单价10元/件）		服装B（计件单价8元/件）		计件工薪（元）
	产量（件）	金额（元）	产量（件）	金额（元）	
合计					

表1-4-3　　　　　　　　　　**加班工薪、津贴计算表**

年　月　　　　　　　　　　　　　　　　　　　　　　　　　　　　单位：元

部门、姓名	日工薪	休息加班工薪（200%）		法定节日加班工薪（400%）		夜班津贴（10元/晚）	
		天数	金额	天数	金额	天数	金额
基本生产车间							
行政部门							
合计							

表1-4-4

工 薪 结 算 表

部门：基本生产车间　　　　　　　　　　　　年　月　　　　　　　　　　　　单位：元

姓名编号	日工薪率	月标准工薪额	应扣工薪				奖金	夜班津贴	加班工薪		应付工薪	代扣款项			实发工薪	领款人签名
			事假		病假				休息日工薪	法定节日工薪		养老保险	失业保险	个人所得税		
			天数	金额	天数	金额										
1																1
2																2
3																3
4																4
5																5
6																6
7																7
8																8
9																9
10																10
11																11
12																12
13																13
合计																

表1-4-5

工 薪 结 算 表

部门：行政管理部门　　　　　　　　　　　　年　月　　　　　　　　　　　　单位：元

姓名	日工薪率	月标准工薪额	应扣工薪额				奖金	夜班津贴	加班工薪		应付工薪	代扣款项			实发工薪	领款人签名
			事假		病假				休息日工薪	法定节日工薪		养老保险	失业保险	个人所得税		
			天数	金额	天数	金额										
1																1
2																2
3																3
4																4
5																5
6																6
合计																

5. 计算个人保险费自己负担部分扣款，见表 1-4-6。

表 1-4-6

个人自负社会保险费计算表

年　月　　　　　　　　　　　　　　　　　　　　　　　　　单位：元

姓名	月标准	养老保险（8%）	失业保险（1%）
基本生产车间			
1			
2			
3			
4			
5			
6			
7			
8			
9			
10			
11			
12			
13			
行政部门			
1			
2			
3			
4			
5			
合计			

6. 计算 10 月份代扣个人所得税，见表 1-4-7、表 1-4-8。

表 1-4-7

个人所得税税率表

级数	月含税应纳税所得额	税率（%）	速算扣除数（元）
1	不超过 1 500 元的	3	0
2	超过 1 500~4 500 元的部分	10	105
3	超过 4 500~9 000 元的部分	20	555
4	超过 9 000~35 000 元的部分	25	1 005
5	超过 35 000~55 000 元的部分	30	2 755
6	超过 55 000~80 000 元的部分	35	5 505
7	超过 80 000 元的部分	45	13 505

注：本表所称全月应纳税所得额是指依照税法的规定，以每月收入额减除费用 3 500 元后的余额或者减除附加减除费用后的余额。

表1-4-8　　　　　　　　　**个人所得税计算表**

单位：元

姓名	应付工薪	扣除数额			应税工薪	税率	速算扣除	应纳税款
		定额费用	养老保险	失业保险				
基本生产车间								
1		3 500						
2		3 500						
3		3 500						
4		3 500						
5		3 500						
6		3 500						
7		3 500						
8		3 500						
9		3 500						
10		3 500						
11		3 500						
12		3 500						
13								
行政部门								
1		3 500						
2		3 500						
3		3 500						
4		3 500						

7. 编制公司10月份工薪结算表。根据表1-4-6、表1-4-8资料填入工薪结算表（见表1-4-4、表1-4-5），计算出个人的实发工薪。

8. 根据工薪结算表编制公司10月份工薪结算汇总表，见表1-4-9。

表1-4-9

工薪结算汇总表

年　　月　　　　　　　　　　　　　　　　单位：元

部门及车间		计时工薪	计件工薪	应扣工薪				奖金	夜班津贴	加班工薪		应付工薪	代扣款项			实发工薪
				事假		病假				休息日加班	法定节日加班		养老保险	失业保险	个人所得税	
				天数	金额	天数	金额									
生产车间	生产工人															
	管理人员															
行政管理部门																
合计																

（二）实训资料二

广州胜风电器有限公司 2017 年 10 月有关职工社会保险费、职工个人所得税等资料如下：

1. 10 月 9 日，广州胜风电器有限公司开出现金支票提取现金，发放 9 月份工薪，见表 1-4-11。

表 1-4-10

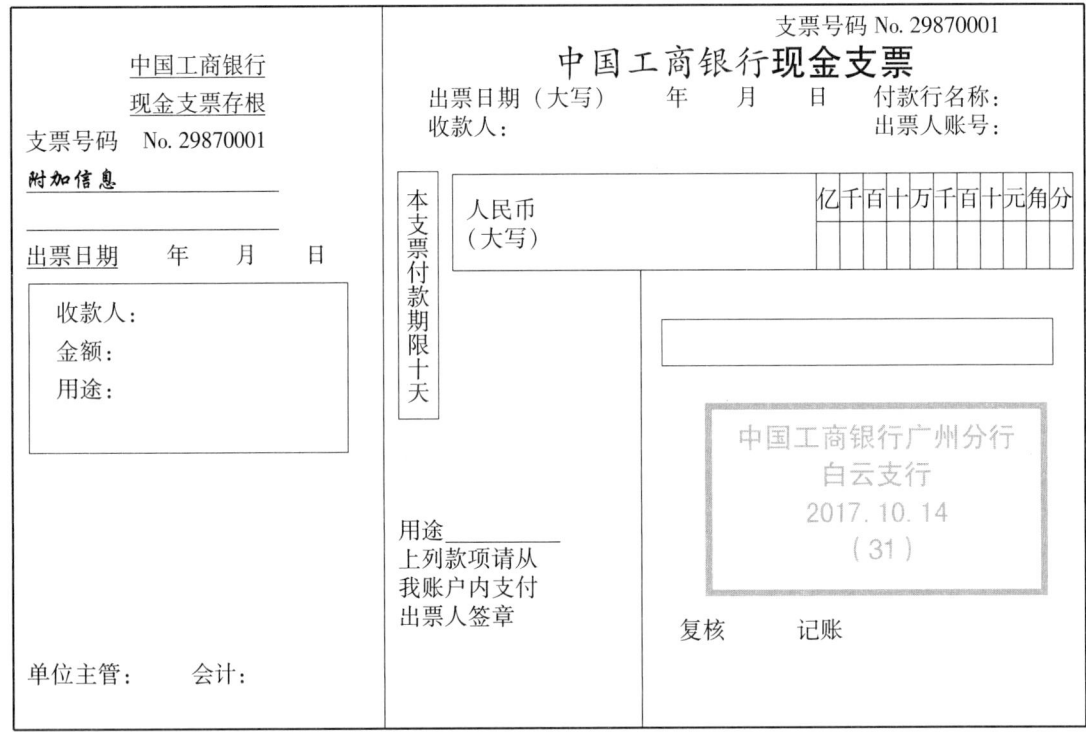

2. 10 月 10 日，结转扣回 9 月份社会保险及代扣代缴个人所得税，见表 1-4-11。

表 1-4-11

工 薪 结 算 汇 总 表

2017 年 9 月　　　　　　　　　　　　　　　　　　　　　　　　　　　单位：元

车间、部门		计时工薪	计件工薪	应扣工薪		综合奖金	工薪性津贴		应付工薪	代扣款项				实发工薪
				事假	病假		夜班津贴	高温津贴		养老保险	失业保险	医疗保险	个人所得税	
基本生产车间	管理人员	8 000		100		2 000	150	350	10 400	820	104	50	660	8 766
	生产工人	30 000	31 000	300	200	4 500	100	2 500	67 600	5 400	676	338	2 400	58 786
小计		38 000	31 000	400	200	6 500	250	2 850	78 000	6 220	780	388	3 060	67 552

续表

车间、部门	计时工薪	计件工薪	应扣工薪		综合奖金	工薪性津贴		应付工薪	代扣款项				实发工薪
			事假	病假		夜班津贴	高温津贴		养老保险	失业保险	医疗保险	个人所得税	
机修车间	10 000		200	80	2 600		2 500	14 820	1 180	150	80	680	12 730
产品销售部门	15 000		80	100	3 800	1 400		20 020	1 600	200	100	700	17 420
行政管理部门	35 000		100	180	8 000	2 000		44 720	3 580	450	225	2 000	38 465
合计	98 000	31 000	780	560	20 900	3 650	5 350	157 560	12 580	1 580	793	6 440	136 167

制表： 审核：

3. 10月13日，收到交缴个人所得税税单，见表1-4-12。

表1-4-12　　广州电子资金转账系统定期借记　　凭证2

2017年10月14日　　凭证提交号10329

发起行行号	0010234		接收行行号	0030227
付款人	账号	3478 0002 7654	收款人 账号	2234 5678 9011
	名称	广州胜风电器有限公司	名称	广州市地方税务局
金额（大写）	陆仟肆佰肆拾元整		金额	￥6 440.00
事由　个人所得税征收			上列款项业务经代扣，如有错误请与收款人接洽。	
	中国工商银行广州分行 白云支行 2017.10.14 (31)		银行盖章 复核　　　记账	

此联接收行交付款人作付款通知

4. 10月15日上交社会保险费交养老金51 191.80元（个人按工薪总额157 560元的8%计算，单位负担部分计入"管理费用——社会保障费"，个人负担部分冲减"其他应付款——养老金"12 580元；单位按工薪总额157 560元的23%计算为36 238.80元），见表1-4-13。

表1-4-13

中国工商银行 广州 凭证（回单）

（广州电子资金转账系统） 凭证号：451

汇入行交换行号：00120098　　2017年10月15日　　凭证提交号：Z20031022798

发报行行号行名	工商行白云支行	汇出行行号		收报行行号		汇入行行号	
付款人	名称	广州胜风电器有限公司	收款人	名称	广州市地方税务局越秀区征收分局社会保险费专户		
	账号	347800027654		账号	3602000909005886377		

金额（大写）	伍万壹仟壹佰玖拾壹元捌角整	金额	¥ 51 191.80

事　由：收2017年10月社会保险费

备　注：42 541.20元　单位：36 238.80元 个人：6 302.40元	科目（贷）	对方科目（借）

（印章：中国工商银行广州分行 白云支行 2017.10.15 (31)）

第二联 交客户

---

5. 10月18日，以现金支付工伤就医路费及医药费，见表1-4-14。

表1-4-14（1/4）

现 金 支 出 凭 单

第　号

对方科目编号

附件　3　张　　　　　　　　2017年10月18日

用　款

事　项：报销工伤就医费用

人民币（大写）：叁佰伍拾贰元整　　　　　　　　¥ 352.00

（印章：现金付讫）

收款人	主管人员	会计人员	出纳员
郭虹	梁英	孙萍	付讫 黎华
（签章）	（签章）	（签章）	（签章）

表1-4-14（2/4）

广东省医疗机构门诊收费收据

系列号：外科门诊　　　　　　　　　2017/10/18　9：38

姓名：林玲		结算方式：				
药品项目	金额	医疗项目	金额	医疗项目		金额
西　药	230	诊查费	2	治疗费		
中成药		急诊留观床位费		其中	输血费	
中草药		检查费	100		输氧费	
超标药		其中 CT		手术费		
自费药		MRL		其他		
		高速CT		特需服务		
		检验费		挂号费		

第一联 缴款人

合计人民币（大写）：叁佰叁拾贰元整　　　￥332.00

医保/公医记账金额：总计332.00　　　　　个人缴费金额：332.00

收费单位（盖章）：广东省人民医院　　　审核员：EF21590034 收费员：52（01059121）

表1-4-14（3/4）

表1-4-14（4/4）

6. 10月21日，以现金支付慰问工伤职工礼物，见表1－4－15。

表1－4－15（1/2）　　　　　　**现　金　支　出　凭　单**　　　　　　第　号

	对方科目 编　号

附件　1　张　　　　　　　2017年10月21日

用　款
事　项：报销慰问工伤职工费用

人民币
（大写）：贰佰元整　　　　　　　　　　¥200.00

收款人	主管	会计	出纳员
郭虹	人员 梁英	人员 孙萍	付讫 黎华
（签章）	（签章）	（签章）	（签章）

表1－4－15（2/2）

广东增值税普通发票　　No 12184127
　　　　发　票　联　　　开票日期：2017年10月21日

购货单位	名　　称：广州胜风电器有限公司 纳税人识别号：440104147958762770 地址、电话：广州市越秀区中山街71号 开户行及账号：广州市工商银行白云支行 347800027654	密码区	（略）

货物或应税劳务名称	规格型号	单位	数量	单价	金额	税率	税额
食品					194.17	3%	5.83
合　计					194.17		5.83

价税合计（大写）	贰佰元整	（小写）¥200.00

销货单位	名　　称：广州绿色食品有限责任公司 纳税人识别号：440104197009112323 地址、电话：广州市黄河路78号 开户行及账号：中国工商银行光明路支行 347800147987	备注	磨粉机100台

收款人：李利　　复核：李红林　　开票人：于娜　　销货单位：（章）

7. 10月31日，分配工薪，见表1-4-16。

表1-4-16（1/2） **工 薪 结 算 汇 总 表**

2017年10月　　　　　　　　　　　　　　　　　　　　　　　　　　　　　单位：元

车间、部门		计时工薪	计件工薪	应扣工薪		综合奖金	工薪性津贴		应付工薪	代扣款项				实发工薪
				事假	病假		夜班津贴	高温津贴		养老保险	失业保险	医疗保险	个人所得税	
基本生产车间	管理人员	8 000		100		2 000	150	350	10 400	820	104	50	660	8 766
	生产工人	30 000	31 000	300	200	4 500	100	2 500	67 600	5 400	676	338	2 400	58 786
小计		38 000	31 000	400	200	6 500	250	2 850	78 000	6 220	780	388	3 060	67 552
机修车间		10 000		200	80	2 600		2 500	14 820	1 180	150	80	680	12 730
产品销售部门		15 000		80	100	3 800	1 400		20 020	1 600	200	100	700	17 420
行政管理部门		35 000		100	180	8 000	2 000		44 720	3 580	450	225	2 000	38 465
合计		98 000	31 000	780	560	20 900	3 650	5 350	157 560	12 580	1 580	793	6 440	136 167

制表：　　　　　　　　　　　　　　　　　　　　　　　　　　　　　　　　审核：

表1-4-16（2/2） **工 薪 分 配 表**

2017年10月　　　　　　　　　　　　　　　　　　　　　　　　　　　　　单位：元

应借账户　　　车间部门	生产车间	产品销售部门	管理部门	合　计
生产成本				
——基本生产				
——辅助生产				
制造费用				
营业费用				
管理费用				
合计				

制表：　　　　　　　　　　　　　　　　　　　　　　　　　　　　　　　　审核：

8. 10月31日，计提应付福利费，见表1-4-17。

表1-4-17

应付福利费计算表

2017年10月 单位：元

车间及部门		工薪总额	计提比例	应付福利费
基本生产车间	生产工人			
	管理工作人员			
机修车间				
产品销售部门				
行政管理部门				
合　　计			14%	

制表： 审核：

9. 按应付工薪的2%计提工会经费，见表1-4-18。

表1-4-18

工 会 经 费 计 提 表

2017年10月

应付工薪总额	计提比例	工会经费
	2%	

制表： 审核：

10. 按应付工薪的1.5%计提职工教育经费，见表1-4-19。

表1-4-19

职工教育经费计提表

2017年10月

应付工薪总额	计提比例	职工教育经费
	1.5%	

制表： 审核：

11. 10月31日，报销"十一"国庆节工会活动费（现金支付），见表1-4-20。

表1-4-20（1/2） ## 现 金 支 出 凭 单 第　号

			对方科目编号	

附件 1 张　　　2017年10月21日

用款事项	报销国庆活动费用		
人民币（大写）：	贰仟捌佰元整		¥2 800.00
收款人	主管	会计	出纳员
叶虹	人员 胡定	人员 范萍	付 讫 罗华
（签章）	（签章）	（签章）	（签章）

（现金付讫）

表1-4-20（2/2）

广东增值税普通发票

发票联

No 12181478

开票日期：2017年10月21日

购货单位	名　　　称：广州胜风电器有限公司 纳税人识别号：440104147958762353 地　址、电话：广州市越秀区中山街71号 开户行及账号：广州市工商银行白云支行 347800027654	密码区	（略）

货物或应税劳务名称	规格型号	单位	数量	单价	金额	税率	税额
餐饮					2 718.45	3%	81.55
合　计					2 718.45		81.55

价税合计（大写）	贰仟捌佰元整	（小写）¥2 800.00

销货单位	名　　　称：广州珠江酒店 纳税人识别号：440100479875489909 地　址、电话：广州市珠江路78号 开户行及账号：中国建设银行珠江路支行 347785147987	备注	（发票专用章）

收款人：　　　　复核：　　　　开票人：陈冰　　　　销货单位：（章）

12. 12月8日，支付职工培训费1 000元（支票），见表1-4-21。

表1-4-21（1/2）

广东增值税普通发票

发票联

No 12181493

开票日期：2017年12月8日

购货单位	名　　　称：广州胜风电器有限公司 纳税人识别号：440104147958762260 地　址、电话：广州市越秀区中山街71号 开户行及账号：广州市工商银行白云支行 347800027654	密码区	（略）

货物或应税劳务名称	规格型号	单位	数量	单价	金额	税率	税额
培训费					970.87	3%	29.13
合　计					970.87		29.13

价税合计（大写）	壹仟元整	（小写）¥1 000.00

销货单位	名　　　称：广州天河培训中心 纳税人识别号：440100474987365113 地　址、电话：广州市花城大街118号 开户行及账号：中国建设银行花城支行 347785369748	备注	（发票专用章）

收款人：　　　　复核：　　　　开票人：李小江　　　　销货单位：（章）

表1-4-21（2/2）

中国工商银行转账支票存根	中国工商银行转账支票

支票号码 No.29870002

中国工商银行转账支票

中国工商银行
转账支票存根
支票号码 29870002
附加信息＿＿＿＿＿＿
＿＿＿＿＿＿＿＿＿＿
＿＿＿＿＿＿＿＿＿＿
出票日期　　年　月　日

收款人：
金额：
用途：

单位主管：　　会计：

出票日期（大写）　　年　月　日　　付款行名称：
收款人：　　　　　　　　　　　　　出票人账号：

人民币
（大写）

亿	千	百	万	千	百	万	千	百	十	元	角	分

本支票付款期限十天

用途：＿＿＿＿＿＿
上列款项请从
我账户内支付
出票人签章　　　　　　　　　　　复核　　　记账

实训五　固定资产会计岗位实训

一、实训目的

1. 了解固定资产会计岗位的职责。
2. 了解固定资产明细账、总账的设置与登记方法。
3. 掌握固定资产增加、减少的核算及账务处理。
4. 掌握固定资产折旧的计算方法及账务处理。
5. 无形资产购入、投入、自创、出售、出租及摊销的账务处理。

二、实训要求

1. 广州牛牛乳业有限公司主要生产乳酸饮料产品，有一个基本生产车间（乳酸车间），一个辅助生产车间（机修车间），还有厂部办公室、销售部等行政部门。其固定资产分为房屋及建筑物、机器设备、运输设备及其他设备四类，均采用平均年限法（综合）计算折旧。使用年限：房屋及建筑物20年，机器设备10年，运输设备10年，其他设备5年。固定资产净残值率为4%。

2. 根据发生的经济业务，填制有关原始凭证和记账凭证。

3. 登记有关固定资产卡片及固定资产明细账（明细账分为房屋及建筑物、机器设备、运输设备、其他设备四类）。

4. 编制科目汇总表，并根据科目汇总表登记固定资产总账。

5. 无形资产采用直线法摊销、长期待摊费用采用直线法摊销。逐笔登记无形资产总账。

6. 实训用纸：记账凭证35张，三栏式明细账4张，科目汇总表2张，总账2张。

三、实训资料

（一）实训资料一

2017年12月1日，广州牛牛乳业有限公司固定资产情况见表1-5-1。

表1-5-1

固定资产原值及折旧情况表

代码	名称	类别	使用部门	使用情况	入账日期	增加方式	折旧方法	预计使用期间	原值	累计折旧	预计净残值4%	月折旧额
16100101	乳酸车间	房屋及建筑物	乳酸车间	使用中	2015.12.1	购入	平均年限法	240	2 000 000	184 000	80 000	8 000
16100102	机修车间	房屋及建筑物	机修车间	使用中	2015.12.1	购入	平均年限法	240	200 000	18 400	8 000	800
16100103	销售部门	房屋及建筑物	销售部门	使用中	2015.12.1	购入	平均年限法	240	100 000	9 200	4 000	400
16100104	厂部办公楼	房屋及建筑物	厂部	使用中	2015.12.1	购入	平均年限法	240	300 000	27 600	12 000	1 200
16100201	机器	机器设备	乳酸车间	使用中	2015.12.1	购入	平均年限法	120	300 000	55 200	12 000	2 400
16100202	冷冻设备	机器设备	乳酸车间	使用中	2015.12.1	购入	平均年限法	60	20 000	7 360	800	320
16100203	设备	机器设备	乳酸车间	使用中	2015.12.1	购入	平均年限法	60	125 000	46 000	5 000	2 000
16100204	装盒机	机器设备	乳酸车间	使用中	2015.12.1	购入	平均年限法	60	250 000	92 000	10 000	4 000
16100205	设备	机器设备	机修车间	使用中	2015.12.1	购入	平均年限法	60	80 000	29 440	3 200	1 280
16100206	电焊机	机器设备	机修车间	使用中	2015.12.1	购入	平均年限法	36	3 000	1 840	120	80
16100301	小轿车	运输工具	厂部	使用中	2015.12.1	购入	平均年限法	120	250 000	46 000	10 000	2 000
16100401	储藏柜A	其他设备	乳酸车间	使用中	2015.12.1	购入	平均年限法	60	25 000	9 200	1 000	400
16100402	储藏柜B	其他设备	机修车间	使用中	2015.12.1	购入	平均年限法	60	5 000	1 840	200	80
16100403	电脑	其他设备	厂部	使用中	2015.12.1	购入	平均年限法	60	6 000	2 208	240	96
16100404	电脑	其他设备	厂部	使用中	2015.12.1	购入	平均年限法	60	6 000	2 208	240	96
16100405	打印机	其他设备	厂部	使用中	2015.12.1	购入	平均年限法	60	3 000	1 104	120	48
合计									3 673 000	533 600		23 200

2017年12月份发生下列与固定资产相关的经济业务：

1. 12月1日，购货车8万元，见表1-5-2。

表1-5-2（1/5）

机动车销售统一发票
发票联

发票代码：0000211167
开票号码：00777578

开票日期：2017年12月1日

机打代码	0000211167			税控码		略	
机打号码	07422989						
机器编号	929100417463						
购货单位	广州牛牛乳业有限公司			身份证号码/组织机构代码		4401223125660688950	
车辆类型	货车	厂牌型号		货车1.6AT		产地	沈阳
合格证号	0152183D	进口证明书号				商检单号	
发动机号码	AWB025874	车辆识别代号/车架号码				LFVBA21J133031844	
价税合计	玖万叁仟陆佰元整			小写		¥93 600.00元	
销货单位名称	广东省物资进出口公司			电话		83817685	
纳税人识别号	440402190336399261			账号		00065534-081	
地址	广州市北较场横路12号			开户银行		工行一支行	
增值税税率或征收率	17%	增值税税额	13 600.00	主管税务机关及代码		广州市国税局征收管理五科 1210633000	
不税税价	小写 ¥13 600.00	吨位				限乘人数	

销货单位盖章　　　　　　开票人 李佳宇　　　　　备注：一车一票

（广东省物资进出口公司 发票专用章 440402190336399）

表1-5-2（2/5）

支票号码 No.

中国工商银行转账支票

中国工商银行 转账支票存根	出票日期（大写）　年　月　日　付款行名称：
支票号码 No.	收款人：　　　　　　出票人账号：
附加信息	
	人民币（大写）　亿千百十万千百十元角分
出票日期　年　月　日	本支票付款期限十天
收款人：	用途：_____
金额：	上列款项请从我账户内支付
用途：	出票人签章
单位主管：　会计：	复核　　　记账

表 1-5-2（3/5）

固定资产设备入库单

2017 年 12 月 1 日　　　　　　　　　　　　　　　　　　　字第 1 号

编号	名称	规格	单位	应收数量	实收数量	单价	金额 十万千百十元角分	供应单位名称
52	货车		辆	1	1	80 000	8 0 0 0 0 0 0	广东省物资进出口公司
	合计						¥ 8 0 0 0 0 0 0	

附单据　　张

会计：　　　仓库主管：　　　保管：　　　验收：周玉　　　采购：柯文

表 1-5-2（4/5）

固定资产卡片（正面）

固定资产类别：　　　　　　　　　　　　　　　　　　　　　　卡片编号：
　　　　　　　　　　　　　　　　　　　　　　　　　　　　　　固定资产项目编号：

固定资产项目名称		型号规格或技术特点		建设单位或制造工厂名称						
原值		其中安装费		预计净残值						
建造日期	年　月	验收日期	年　月	开始使用日期	年　月					
年折旧额		年折旧率		月折旧额						
拨入日期		拨入时已使用年限		尚能使用年限		拨入时已使用年限				
使用或保管部门变动情况			原价变动记录			附属设备记录				
日期	凭证	使用或保管部门	日期	凭证	增加	减少	名称	规格	单位	数量	金额

表 1-5-2 (5/5)

固定资产卡片(反面)

	计提基本折旧			大修理完工记录				停用复用记录		
年度	本期提取	累计提取	净值	日期	凭证	摘要	金额	停用日期	停用原因	复用日期
调出记录	调出日期： 调往单位： 原　值： 安装费：		批准文号： 已使用年限：	报废清理记录		清理原因： 实际使用： 年　限： 清理费用：		清理日期： 变价收入：		批准文号：
备注							建、销卡	日期		经办人
							建卡	年月		
							销卡			

2. 12 月 1 日,因火灾烧毁销售部门房屋,原价 10 万元,已提折旧 9 600 元,将其转入清理,见表 1-5-3。

表 1-5-3

固定资产报废单

填报企业：　　　　　　　　　　2017 年 12 月 1 日　　　　　　　　　固废字(6)

	设备编号	统一	本厂	复杂系数	
使用部门	设备名称	房屋		始用日期	2015.12.1
	型号规格			原值	100 000
	设备隶级			全部使用年限	20 年
	设备类级	类　级		已使用年限	24 个月
	制造厂(国别)			使用部门	办公室
	设备现状及报废原因	火灾、提早报废			
				主管：黎明　设备员：王画	
主管部门	设备管理员意见	同意报废			
				设备管理员：张军	
	负责人意见	同意报废			
				主管：黄利	
	报废后处理意见				
财务部	折旧	9 600 元	净值	90 400 元	
	财务部意见	同意报废			
				主管：李力　经办人：黄河	
企业负责人		同意报废			
				主管：陈强	
上级机关审核		广州管理员	集团公司		

第二联：财务部门

3. 12月2日，经批准建造仓库一间，现将仓库建造工程出包给广州第一建筑公司，根据合同，预付给广州第一建筑公司工程款15万元，见表1-5-4。

表1-5-4（1/2）

收 据

No.0014256

2017年12月2日

对方科目
编　　号

事　　项：收到广州牛牛乳业有限公司仓库建造款

人民币（大写）：壹拾伍万元整　　　¥150 000.00

（广州第一建筑公司财务专用章）

交款人（签章）：罗华　　主管人员（签章）：胡铭　　会计人员（签章）：萧红萍　　经手人（签章）：刘岩

表1-5-4（2/2）

支票号码 No.

中国工商银行 转账支票存根	中国工商银行**转账支票**
支票号码 No. 附加信息 出票日期　年　月　日 收款人： 金额： 用途： 单位主管：　　会计：	出票日期(大写)　年　月　日　付款行名称： 收款人：　　　　　　　　　　出票人账号： 人民币（大写）　亿千百十万千百十元角分 本支票付款期限十天 用途：＿＿＿＿ 上列款项请从 我账户内支付 出票人签章 　　　　　　　　　　　　复核　　记账

4. 12月5日，报废一台电脑，见表1-5-5。

表1-5-5

固定资产报废单

填报企业：　　　　　　　　2017年12月5日　　　　　　　　固废字(5)

使用部门	设备编号	统一		本厂	复杂系数		电子
	设备名称	电脑			始用日期		2015.12.1
	型号规格	联想奔腾Ⅲ型			原值		6 000元
	设备隶级				全部使用年限		5年
	设备类级	类级			已使用年限		24个月
	制造厂(国别)				使用部门		办公室
	设备现状及报废原因	主机故障、提前报废					
				主管：黎明　设备员：王画			
主管部门	设备管理员意见						
				设备管理员：张军			
	负责人意见	同意报废					
				主管：黄利			
	报废后处理意见						
财务部	折旧	2 304元			净值		3 696元
	财务部意见	同意报废					
				主管：李力　经办人：黄河			
企业负责人		同意报废					
				主管：陈强			
上级机关审核		广州管理员		集团公司			

第二联：财务部门

报废日期：2017.12.5

5. 12月5日，报废电脑变价收入200元，结转报废电脑净损益，见表1-5-6。

表1-5-6 (1/2)

广东增值税普通发票

No 12146987

发票联

开票日期：2017年12月5日

购货单位	名　　称：广州市明亮物资回收公司		密码区	(略)
	纳税人识别号：440402195845783005			
	地址、电话：广州市越秀区中山街187号			
	开户行及账号：广州市工商银行白云支行34780014673			

货物或应税劳务名称	规格型号	单位	数量	单价	金额	税率	税额
旧电脑					170.94	17%	29.06
合　计					170.94		29.06

价税合计(大写)	贰佰元整	(小写)¥200.00

销货单位	名　　称：广州牛牛乳业有限公司		备注	
	纳税人识别号：440122312560688950			440122312560688950
	地址、电话：广州市中山路18号			发票专用章
	开户行及账号：工行中山支行4077300005699			

收款人：　　　复核：　　　开票人：周玉　　　销货单位：(章)

第二联：发票联　购货方记账凭证

表1-5-6（2/2）

现金收入凭单   第　号

附件1　张　　2017年12月10日

对方科目编号	

用款
事　　项：电脑报废收入

人民币
（大写）：贰佰元整　　　　　¥ 200.00

（现金收讫）

交款人（签章）：陈生	主管人员（签章）：李力	会计人员（签章）：黄河	出纳员付讫（签章）：罗华

6. 12月10日，开支票购入不需要安装的AS型乳酸制造设备，并以现金支付运费550元，见表1-5-7。

表1-5-7（1/8）

广东增值税专用发票　　No 4259380

抵 扣 联

开票日期：2017年12月10日

购货单位	名　　称：广州市牛牛乳业有限公司			
	纳税人识别号：440122312560688950			
	地址、电话：广州市中山路18号			
	开户行及账号：工行中山支行 4077300005699			

密码区：
3＜＞20－3＋8＋7＜＋5－2＋487＜加密版本号：
4＞＋6059/3477626－/－＋/8＞　11
1＜12/5＜1＋＋/28220＊49/0　3240023440
6＞5＜24－＞＞3＊05/＞＞92　07881134

货物或应税劳务名称	规格型号	单位	数量	单价	金额	税率	税额
AS型乳酸制造设备		台	1	85 000	85 000.00	17%	14 450.00
合　计					85 000.00		14 450.00

价税合计（大写）	玖万玖仟肆佰伍拾元整	（小写）¥ 99 450.00

销货单位	名　　称：广州市东方机械有限公司	备注
	纳税人识别号：440102708258055001	
	地址、电话：广州市东风路187号	（广州市东方机械有限公司 440102708258055001 发票专用章）
	开户行及账号：建行广州市东风支行 4077380004250	

收款人：王伟　　复核：许原　　开票人：李平　　销货单位：（章）

第二联：抵扣联　购货方扣税凭证

表1-5-7（2/8）

广东增值税专用发票   No 4259380

发票联
开票日期：2017年12月10日

购货单位	名　　称：广州市牛牛乳业有限公司 纳税人识别号：440122312560688950 地址、电话：广州市中山路18号 开户行及账号：工行中山支行 4077300005699	密码区	3＜＞20－3＋8＋7＜＋5－2＋487＜ 加密版本号： 4＞＋6059/3477626－/－＋/8＞　11 1＜12/5＜1＋＋/28220＊49/0　3240023440 6＞5＜24－＞＞3＊05/＞＞92　07881134

货物或应税劳务名称	规格型号	单位	数量	单价	金额	税率	税额
AS型乳酸制造设备		台	1	85 000	85 000.00	17%	14 450.00
合　　计					85 000.00		14 450.00

价税合计（大写）	玖万玖仟肆佰伍拾元整	（小写）¥ 99 450.00

销货单位	名　　称：广州市东方机械有限公司 纳税人识别号：440102708258055001 地址、电话：广州市东风路187号 开户行及账号：建行广州市东风支行 4077380004250	备注	（广州市东方机械有限公司 440102708258055001 发票专用章）

收款人：王伟　　复核：许原　　开票人：李平　　销货单位：（章）

第三联：发票联　购货方记账凭证

表1-5-7（3/8）

中国工商银行转账支票

支票号码 No.

中国工商银行 转账支票存根	出票日期（大写）　年　月　日　付款行名称： 收款人：　　　　　　　　　　　出票人账号：
支票号码　No. 附加信息_____ _____ _____ 出票日期　年　月　日	本支票付款期限十天　人民币（大写）　| 亿千百十万千百十元角分 |
收款人： 金　额： 用　途：	用途：_____ 上列款项请从 我账户内支付 出票人签章
单位主管：　　会计：	复核　　记账

表 1-5-7（4/8）

广东增值税普通发票

发票联

No 1116134

开票日期：2017年12月10日

购货单位	名　　　称：广州牛牛乳业有限公司 纳税人识别号：440122312560688950 地　址、电　话：广州市中山路18号 开户行及账号：中国工商银行中山支行 　　　　　　　4077300005699	密码区	（略）

货物或应税劳务名称	规格型号	单位	数量	单价	金额	税率	税额
运费					533.98	3%	16.02
合　计					533.98		16.02

价税合计（大写）	伍佰伍拾元整	（小写）¥550.00

销货单位	名　　　称：昌顺货运公司 纳税人识别号：440122482589745441 地　址、电　话：广州市锦江路44号 开户行及账号：工行锦江路支行45832777	备注	设备一台 440122482589745441 发票专用章

收款人：　　　　　复核：　　　　开票人：秦明　　　　销货单位：（章）

表 1-5-7（5/8）

现　金　支　出　凭　单

第　　号

	对方科目编号	

附件　1　张　　　2017年12月10日

用　款		
事　　项：支付运费		
人民币（大写）：伍佰伍拾元整		¥550.00

现金付讫

交款人
（签章）：陈芳　　主管人员
（签章）：李力　　会计人员
（签章）：黄河　　出纳员付讫
（签章）：罗华

表 1–5–7（6/8）

固定资产验收单

统一编号：　　　　　　　　　　　　　　　　　　　　　　　　　　　本厂编号：

计划管理部门	设备名称	乳酸制造设备	电动机	台		
	型号	AS型	总动率			
	规格		出厂编号		出厂日期	2017.8.14
	制造厂	广州市东方机械有限公司	自重量	kg	始用日期	2017.12.10
	型尺寸		使用部门	乳酸车间	施工工号	
	随　机　附　件					
	名称	型号规格	数量	名称	型号规格	数量
	说明书		装箱单		图纸	
	合格证		精度单		资料验收人	
固定资产管理部门	设备隶属				复杂系数	机电
	设备类别				使用年限	10年
	精度等级	提高级、标准级、降低级			分类划级	类级
财务处	设备费	85 000元			安装及其他费	550元
	原值合计	85 550元			资产来源	购入
验收意见	验收合格　　　　　固定资产管理部门验收人：李新					
计划管理部门	主管经办人 李建花	使用部门	主管经办人 刘强	固定资产管理部门	主管经办人 黄利	财务处	主管经办人 李力

验收日期：2017.12.10

表 1-5-7 (7/8)

固定资产卡片（正面）

卡片编号：

固定资产类别：　　　　　　　　　　　　　　　　　　　　固定资产项目编号：

固定资产项目名称		型号规格或技术特点			建设单位或制造工厂名称			
原值		其中安装费			预计净残值			
建造日期	年　月	验收日期	年　月		开始使用日期		年　月	
年折旧额		年折旧率		月折旧额				
拨入日期		拨入时已使用年限		尚能使用年限		拨入时已使用年限		
使用或保管部门变动情况			原价变动记录			附属设备记录		
日期	凭证	使用或保管部门	日期	凭证	增加	减少	名称	规格	单位	数量	金额

表 1-5-7 (8/8)

固定资产卡片（反面）

	计提基本折旧			大修理完工记录				停用复用记录		
年度	本期提取	累计提取	净值	日期	凭证	摘要	金额	停用日期	停用原因	复用日期

调出记录	调出日期：　　批准文号： 调往单位： 原　值： 安装费：　　已使用年限：	报废清理记录	清理原因：　　清理日期：　　批准文号： 实际使用： 年　限： 清理费用：　　变价收入：		
备注			建、销卡	日期	经办人
			建卡	年月	
			销卡		

7. 12 月 8 日，支付本月乳酸车间租入设备租金，见表 1-5-8。

表 1-5-8（1/2）

| 中国工商银行 转账支票存根 | 中国工商银行转账支票 |

中国工商银行转账支票存根
支票号码 No.
附加信息 _____

出票日期　年　月　日

收款人：
金额：
用途：

单位主管：　会计：

中国工商银行转账支票

支票号码 No.
出票日期（大写）　年　月　日　付款行名称：
收款人：　　出票人账号：

本支票付款期限十天

人民币（大写）　亿千百十万千百十元角分

用途：_____
上列款项请从
我账户内支付
出票人签章　　复核　记账

表 1-5-8（2/2）

广东增值税普通发票

发　票　联

№ 1117788

开票日期：2017 年 12 月 18 日

| 购货单位 | 名　　称：广州牛牛乳业有限公司
纳税人识别号：440122312560688950
地　址、电话：广州市中山路 18 号
开户行及账号：中国工商银行中山支行
4077300005699 | 密码区 | （略） |

货物或应税劳务名称	规格型号	单位	数量	单价	金额	税率	税额
出租设备					1 165.05	3%	34.95
合　计					1 165.05		34.95

| 价税合计（大写） | 壹仟贰佰元整 | （小写）¥1 200.00 |

| 销货单位 | 名　　称：广州市设备租赁公司
纳税人识别号：440124482736948211
地　址、电话：广州市锦江路 799 号
开户行及账号：广州市建设银行第三支行
8000-2638-9811 | 备注 |  |

收款人：　　复核：　　开票人：林芝玲　　销货单位：（章）

8. 12 月 21 日，支付厂部办公室轿车的修理费 2 000 元，见表 1-5-9。

表1-5-9（1/2）

中国工商银行 转账支票存根	中国工商银行转账支票 支票号码 No.

中国工商银行转账支票存根

支票号码 No.
附加信息

出票日期　年　月　日

收款人：
金额：
用途：

单位主管：　会计：

中国工商银行**转账支票**　　　支票号码 No.

出票日期(大写)　年　月　日　付款行名称：
收款人：　　　　　　　　　　　出票人账号：

本支票付款期限十天

人民币（大写）　　　　亿千百十万千百十元角分

用途：_____
上列款项请从
我账户内支付
出票人签章　　　　　复核　　记账

表1-5-9（2/2）

广东增值税普通发票　　　　　　No 1114569

发　票　联　　　　　开票日期：2017年12月18日

购货单位	名　　　称：广州牛牛乳业有限公司 纳税人识别号：440122312560688950 地址、电话：广州市中山路18号 开户行及账号：中国工商银行中山支行 4077300005699	密码区	（略）

货物或应税劳务名称	规格型号	单位	数量	单价	金额	税率	税额
汽车修理					1 941.75	3%	58.25
合　计					1 941.75		58.25

价税合计（大写）	贰仟元整	（小写）￥2 000.00

销货单位	名　　　称：广州市汽车修配厂 纳税人识别号：440122482478978080 地址、电话：广州市长安路800号 开户行及账号：广州市工商银行长安路支行45832769	备注	（广州市汽车修配 440122482478978080 发票专用章）

收款人：姜大卫　　复核：　　开票人：钟顺　　销货单位：（章）

9. 12月20日，销售机修车间其他设备——储藏柜B，原价5 000元，已提折旧1 920元，作价3 280元，见表1-5-10。

表 1-5-10（1/3）

固定资产交接单

2017 年 12 月 20 日

固定资产名称	单位	数量	建造日期	购入日期	原始价值	已提折旧	使用年限	备 注
储藏柜 B	台	1		2015 年 12 月 1 日	5 000	1 920	10	协议价格 3 280 元

调出单位：广州市牛牛乳酸有限公司　　　　　　　　　　　　调入单位：广州光明机械有限公司

表 1-5-10（2/3）

工商银行 进账单（收账通知）　3

2017 年 12 月 20 日　　　　　　第　1719　号

出票人	全称	广州光明机械有限公司	收款人	全称	广州市牛牛乳酸有限公司	联是收款人开户银行交给收款人的收账通知
	账号	0052-1164-9998		账号	4077300005699	
	开户银行	工商银行白云支行		开户银行	工商银行中山支行	

人民币（大写）	叁仟贰佰捌拾元整	千 百 十 万 千 百 十 元 角 分 ¥ 3 2 8 0 0 0

票据种类	支票	票据张数	1	
票据号码		2 398 076		中国工商银行广州分行 中山支行 2017.12.20 收款人开户行盖章
	复核　　记账			

表 1-5-10（3/3）

广东增值税专用发票

No 1114587

发 票 联　　　　开票日期：2017 年 12 月 20 日

购货单位	名　　称：广州光明机械有限公司 纳税人识别号：440122312987589441 地址、电话：广州市中山路 25 号 开户行及账号：中国工商银行白云支行 0052-1164-9998	密码区	（略）	第二联：发票联　购货方记账凭证

货物或应税劳务名称	规格型号	单位	数量	单价	金额	税率	税额
储藏柜					2 803.42	17%	476.58
合　计					2 803.42		476.58

价税合计（大写）	叁仟贰佰捌拾元整	（小写）¥3 280.00

销货单位	名　　称：广州牛牛乳业有限公司 纳税人识别号：440122312560688950 地址、电话：广州市中山路 18 号 开户行及账号：中国工商银行中山支行 4077300005699	备注	广州牛牛乳业有限公司 440122312560688950 发票专用章

收款人：罗华　　　复核：　　　开票人：苏建　　　销货单位：（章）

10. 12月23日，收到广州香楼乳业公司投资全新不需安装BS型乳酸制造设备一台，协商价10万元，增值税17 000元，合计117 000元，见表1-5-11。

表1-5-11 (1/5)

广东增值税专用发票　　No 56789380

抵　扣　联　　　　开票日期：2017年12月23日

购货单位	名　称：广州市牛牛乳业有限公司 纳税人识别号：440122312560688950 地址、电话：广州市中山路18号 开户行及账号：工行中山支行4077300005699	密码区	3<>20-3+8+7<+5-2+487<加密版本号： 4>+6059/3477626-/-+/8> 33 1<12/5<1++/28220*49/0 3240023888 6>5<24->>3*05/>>92 07881134

货物或应税劳务名称	规格型号	单位	数量	单价	金额	税率	税额
BS型乳酸制造设备		台	1	100 000	100 000.00	17%	17 000.00
合　计					100 000.00		17 000.00

价税合计（大写）	壹拾壹万柒仟元整	（小写）¥ 117 000.00

销货单位	名　称：广州香楼乳业有限公司 纳税人识别号：440102708221345210 地址、电话：广州市环市路287号 开户行及账号：建行广州市环市路支行 4075260003581	备注

收款人：张晓　　复核：周爱客　　开票人：李华　　销货单位：(章)

第二联：抵扣联　购货方扣税凭证

表1-5-11 (2/5)

广东增值税专用发票　　No 56789380

发　票　联　　　　开票日期：2017年12月23日

购货单位	名　称：广州市牛牛乳业有限公司 纳税人识别号：440122312560688950 地址、电话：广州市中山路18号 开户行及账号：工行中山支行4077300005699	密码区	3<>20-3+8+7<+5-2+487<加密版本号： 4>+6059/3477626-/-+/8> 33 1<12/5<1++/28220*49/0 3240023888 6>5<24->>3*05/>>92 07881134

货物或应税劳务名称	规格型号	单位	数量	单价	金额	税率	税额
BS型乳酸制造设备		台	1	100 000	100 000.00	17%	17 000.00
合　计					100 000.00		17 000.00

价税合计（大写）	壹拾壹万柒仟元整	（小写）¥ 117 000.00

销货单位	名　称：广州香楼乳业有限公司 纳税人识别号：440102708221345210 地址、电话：广州市环市路287号 开户行及账号：建行广州市环市路支行 4075260003581	备注

收款人：张晓　　复核：周爱客　　开票人：李华　　销货单位：(章)

第三联：发票联　购货方记账凭证

表 1-5-11（3/5）

固定资产验收单

统一编号：　　　　　　　　　　　　　　　　　　　　　　　　　　　　　　　本厂编号：

计划管理部门	设备名称	乳酸制造设备	电动机		台	
	型号	BS型	总动率			
	规格		出厂编号		出厂日期	2017.11.14
	制造厂	珠海竣欣机械有限公司	自重量	kg	始用日期	2017.12.23
	型号尺寸		使用部门	乳酸车间	施工工号	
	随 机 附 件					
	名称	型号规格	数量	名称	型号规格	数量
	说明书		装箱单		图纸	
	合格证		精度单		资料验收人	
固定资产管理部门	设备隶属				复杂系数	机电
	设备类别				使用年限	10年
	精度等级	提高级、标准级、降低级			分类划级	类级
财务处	设备费	100 000元			安装及其他费	
	原值合计	100 000元			资产来源	投资转入
验收意见	验收合格　　　　　　固定资产管理部门验收人：李新					
计划管理部门	主管经办人 李建花	使用部门	主管经办人 刘强	固定资产管理部门	主管经办人 黄利	财务处	主管经办人 李力

验收日期：2017.12.10

表 1-5-11 (4/5)

固定资产卡片（正面）

固定资产类别：　　　　　　　　　　　　　　　　　　　　　　　　　卡片编号：
　　　　　　　　　　　　　　　　　　　　　　　　　　　　　　　　　固定资产项目编号：

固定资产项目名称		型号规格或技术特点		建设单位或制造工厂名称			
原值		其中安装费		预计净残值			
建造日期	年　月	验收日期	年　月	开始使用日期		年　月	
年折旧额		年折旧率		月折旧额			
拨入日期		拨入时已使用年限		尚能使用年限		拨入时已使用年限	
使用或保管部门变动情况			原价变动记录			附属设备记录	

日期	凭证	使用或保管部门	日期	凭证	增加	减少	名称	规格	单位	数量	金额

表 1-5-11 (5/5)

固定资产卡片（反面）

	计提基本折旧			大修理完工记录				停用复用记录		
年度	本期提取	累计提取	净值	日期	凭证	摘要	金额	停用日期	停用原因	复用日期

调出记录	调出日期：　　　　批准文号： 调往单位： 原　值： 安装费：　　　　已使用年限：	报废清理记录	清理原因：　清理日期：　批准文号： 实际使用： 年　限： 清理费用：　　变价收入：		
备注			建、销卡	日期	经办人
			建卡	年月	
			销卡		

11. 12 月 25 日，购入需安装 AX 型乳酸制造设备，验收入库，见表 1-5-12。

表1-5-12（1/4）

广东增值税专用发票　　No 51234380
抵　扣　联
开票日期：2017 年 12 月 25 日

购货单位	名　　称：广州市牛牛乳业有限公司 纳税人识别号：440122312560688950 地　址、电　话：广州市中山路18号 开户行及账号：工行中山支行 　　　　　　　4077300005699	密码区	3＜＞20-3+8+7＜+5-2+487＜　加密版本号： 4＞+6059/3477626-/-+/8＞　33 1＜12/5＜1++/28220*49/0　3240023888 6＞5＜24-＞＞3*05/＞＞92　07881134

货物或应税劳务名称	规格型号	单位	数量	单价	金额	税率	税额
cx型乳酸制造设备		台	1	90 000	90 000.00	17%	15 300.00
合　　计					90 000.00		15 300.00

价税合计（大写）	壹拾万零伍仟叁佰元整	（小写）¥ 105 300.00

销货单位	名　　称：广州大新机械有限公司 纳税人识别号：440102709881378773 地　址、电　话：广州市天河路207号 开户行及账号：工行广州市天河路支行 　　　　　　　4077300004170	备注	

第二联：抵扣联　购货方扣税凭证

收款人：黄灵　　　复核：钱爱华　　　开票人：李方　　　销货单位：（章）

表1-5-12（2/4）

广东增值税专用发票　　No 51234380
发　票　联
开票日期：2017 年 12 月 25 日

购货单位	名　　称：广州市牛牛乳业有限公司 纳税人识别号：440122312560688950 地　址、电　话：广州市中山路18号 开户行及账号：工行中山支行 　　　　　　　4077300005699	密码区	3＜＞20-3+8+7＜+5-2+487＜　加密版本号： 4＞+6059/3477626-/-+/8＞　33 1＜12/5＜1++/28220*49/0　3240023888 6＞5＜24-＞＞3*05/＞＞92　07881134

货物或应税劳务名称	规格型号	单位	数量	单价	金额	税率	税额
cx型乳酸制造设备		台	1	90 000	90 000.00	17%	15 300.00
合　　计					90 000.00		15 300.00

价税合计（大写）	壹拾万零伍仟叁佰元整	（小写）¥ 105 300.00

销货单位	名　　称：广州大新机械有限公司 纳税人识别号：440102709881378773 地　址、电　话：广州市天河路207号 开户行及账号：工行广州市天河路支行 　　　　　　　4077300004170	备注	

第三联：发票联　购货方记账凭证

收款人：黄灵　　　复核：钱爱华　　　开票人：李方　　　销货单位：（章）

表 1-5-12（3/4）

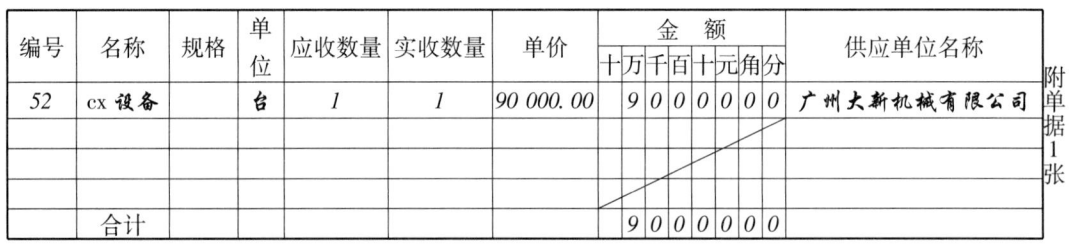

表 1-5-12（4/4）

固定资产设备入库单

2017 年 12 月 25 日　　　　　　　字第 1 号

编号	名称	规格	单位	应收数量	实收数量	单价	金额（十万千百十元角分）	供应单位名称
52	cx 设备		台	1	1	90 000.00	9 0 0 0 0 0 0	广州大新机械有限公司
	合计						9 0 0 0 0 0 0	

附单据1张

会计：　　　仓库主管：　　　保管：　　　验收：周玉　　　采购：柯文

12. 12 月 26 日，交付机修车间安装，见表 1-5-13。

表 1-5-13

固定资产设备出库单

接收单位：　　　　　2017 年 12 月 25 日　　　　　字第 1 号

编号	名称	规格	单位	发出数量	单价	金额（十万千百十元角分）	供应单位名称
52	cx 设备		台	1	90 000.00	9 0 0 0 0 0 0	广州大新机械有限公司
	合计					9 0 0 0 0 0 0	

附单据1张

会计：　　　仓库主管：　　　保管：　　　发货：周龙

13. 12月27日，机修车间工人安装设备发生人工工薪500元，计提福利费70元，见表1－5－14。

表1－5－14

工薪费用分配表

年　月　日　　　　　　　　　　　　　　　　　　　　单位：元

应借账户	工薪	福利费	合计
生产成本——辅助生产成本	500	70	
合　计	500	70	570

财务主管：李力　　　　审核：　　　　制表：

14. 12月27日，上项设备安装完毕，交付乳酸车间使用，见表1－5－15。

表1－5－15（1/3）

固定资产验收单

统一编号：　　　　　　　　　　　　　　　　　　　　　　　本厂编号：

计划管理部门	设备名称	乳酸制造设备		电动机		台
	型号	cx型		总动率		
	规格			出厂编号	出厂日期	2017.12.14
	制造厂	广州市大新机械有限公司		自重量	kg	始用日期	2017.12.27
	型号尺寸			使用部门	乳酸车间	施工工号	
	随　机　附　件					
	名称	型号规格	数量	名称	型号规格	数量
	说明书		装箱单		图纸	
	合格证		精度单		资料验收人	
固定资产管理部门	设备隶属				复杂系数	机电
	设备类别				使用年限	10年
	精度等级	提高级、标准级、降低级			分类划级	类级
财务处	设备费	90 000.00元			安装及其他费	570元
	原值合计	90 570.00元			资产来源	购入
验收意见	验收合格					
		固定资产管理部门验收人：李新				
计划管理部门	主管经办人 李建花	使用部门	主管经办人 刘强	固定资产管理部门	主管经办人 黄利	财务处	主管经办人 李力

验收日期：2017.12.27

表 1-5-15 (2/3)

固定资产卡片(正面)

固定资产类别: 　　　　　　　　　　　　　　　　　　　　　　　　　　卡片编号:

固定资产项目编号:

固定资产项目名称		型号规格或技术特点		建设单位或制造工厂名称	
原值		其中安装费		预计净残值	
建造日期	年　月	验收日期	年　月	开始使用日期	年　月
年折旧额		年折旧率		月折旧额	
拨入日期		拨入时已使用年限		尚能使用年限		拨入时已使用年限	

使用或保管部门变动情况			原价变动记录				附属设备记录				
日期	凭证	使用或保管部门	日期	凭证	增加	减少	名称	规格	单位	数量	金额

表 1-5-15 (3/3)

固定资产卡片(反面)

	计提基本折旧			大修理完工记录				停用复用记录		
年度	本期提取	累计提取	净值	日期	凭证	摘要	金额	停用日期	停用原因	复用日期

调出记录	调出日期:　　　　批准文号: 调往单位: 原　值: 安装费:　　　　已使用年限:	报废清理记录	清理原因:　清理日期:　批准文号: 实际使用: 年　限: 清理费用:　变价收入:		
备注				建、销卡	日期	经办人
				建卡	年　月	
				销卡		

15. 12月27日，火灾烧毁的房屋获得保险赔款8万元，同时结转清理固定资产净损益，见表1－5－16(与第2笔业务相关)。

表1－5－16

工商银行 进账单（收账通知） 3

2017年12月28日　　　　　　　　　　　　　　　　　　第　2369　号

出票人	全称	广州平安保险公司	收款人	全称	广州市牛牛乳酸有限公司
	账号	0048－1164－2298		账号	4077300005699
	开户银行	工商银行白云支行		开户银行	工商银行中山支行

人民币（大写）	捌万元整			千	百	十	万	千	百	十	元	角	分
						¥	8	0	0	0	0	0	0

票据种类	支票	票据张数	1
票据号码		57868076	
	保险赔款		
复核		记账	收款人开户行盖章

此联是收款人开户银行交给收款人的收账通知

16. 12月28日，仓库建造工程完工，达到预定可使用状态，估计可使用年限20年，补付工程款10万元，见表1－5－17(与第3笔业务相关)。

表1－5－17（1/6）

工程竣工验收决算报告

2017年12月28日　　　　　　　　　　　　　　　　　　编号：001

项目名称	工程批准号	工程预算数	工程决算数	其中：设备费	材料费用	工薪费用	其他直接费用	施工管理费
仓库建造工程		250 000	250 000	50 000	150 000	30 000	14 000	6 000

新增固定资产				施工单位(盖章) 负责人：胡戈		实物主管部门(盖章) 负责人：谭波		
固定资产名称	型号	单价						
				使用单位(盖章) 负责人：陈强		财会部门(盖章) 负责人：李力		

表 1–5–17（2/6）

固定资产验收单

统一编号：　　　　　　　　　　　　　　　　　　　　　　　　　　　本厂编号：

<table>
<tr><td rowspan="13">计划管理部门</td><td colspan="2">设备名称</td><td colspan="2">电动机</td><td colspan="2"></td></tr>
<tr><td colspan="2">型号</td><td colspan="2">总动率</td><td colspan="2"></td></tr>
<tr><td colspan="2">规格</td><td colspan="2">出厂编号</td><td>出厂日期</td><td></td></tr>
<tr><td colspan="2">制造厂</td><td colspan="2">广州市第一建筑公司</td><td>自重量</td><td></td><td>始用日期</td><td>2017.12.28</td></tr>
<tr><td colspan="2">型号尺寸</td><td colspan="2"></td><td>使用部门</td><td>乳酸车间</td><td>施工工号</td><td></td></tr>
<tr><td colspan="6" align="center">随 机 附 件</td></tr>
<tr><td>名称</td><td>型号规格</td><td>数量</td><td>名称</td><td>型号规格</td><td>数量</td></tr>
<tr><td></td><td></td><td></td><td></td><td></td><td></td></tr>
<tr><td></td><td></td><td></td><td></td><td></td><td></td></tr>
<tr><td></td><td></td><td></td><td></td><td></td><td></td></tr>
<tr><td></td><td></td><td></td><td></td><td></td><td></td></tr>
<tr><td colspan="2">说明书</td><td colspan="2">装箱单</td><td>图纸</td><td></td></tr>
<tr><td colspan="2">合格证</td><td colspan="2">精度单</td><td>资料验收人</td><td></td></tr>
<tr><td rowspan="3">固定资产管理部门</td><td colspan="2">设备隶属</td><td colspan="2"></td><td>复杂系数</td><td>房屋</td></tr>
<tr><td colspan="2">设备类别</td><td colspan="2"></td><td>使用年限</td><td>20 年</td></tr>
<tr><td colspan="2">精度等级</td><td colspan="2">提高级、标准级、降低级</td><td>分类划级</td><td>类级</td></tr>
<tr><td rowspan="2">财务处</td><td colspan="2">设备费</td><td colspan="2">250 000 元</td><td>安装及其他费</td><td></td></tr>
<tr><td colspan="2">原值合计</td><td colspan="2">250 000 元</td><td>资产来源</td><td>建造</td></tr>
<tr><td>验收意见</td><td colspan="6">验收合格
　　　　　　　　　固定资产管理部门验收人：李新</td></tr>
<tr><td>计划管理部门</td><td>主管经办人
李建花</td><td>使用部门</td><td>主管经办人
刘强</td><td>固定资产管理部门</td><td>主管经办人
黄利</td><td>财务处</td><td>主管经办人
李力</td></tr>
</table>

　　验收日期：2017.12.28

表 1-5-17（3/6）

固定资产卡片（正面）

固定资产类别： 　　　　　　　　　　　　　　　　　　　　　　　　　　　卡片编号：

　　　　　　　　　　　　　　　　　　　　　　　　　　　　　　　　　　　固定资产项目编号：

固定资产项目名称		型号规格或技术特点		建设单位或制造工厂名称			
原值		其中安装费		预计净残值			
建造日期	年　月	验收日期	年　月	开始使用日期		年　月	
年折旧额		年折旧率		月折旧额			
拨入日期		拨入时已使用年限		尚能使用年限		拨入时已使用年限	
使用或保管部门变动情况			原价变动记录			附属设备记录	

日期	凭证	使用或保管部门	日期	凭证	增加	减少	名称	规格	单位	数量	金额

表 1-5-17（4/6）

固定资产卡片（反面）

	计提基本折旧			大修理完工记录				停用复用记录		
年度	本期提取	累计提取	净值	日期	凭证	摘要	金额	停用日期	停用原因	复用日期
调出记录	调出日期：　　　批准文号： 调往单位： 原　值： 安装费：　　　　已使用年限：			报废清理记录				清理原因：　清理日期：　批准文号： 实际使用： 年　限： 清理费用：　变价收入：		

备注		建、销卡	日期	经办人
		建卡	年　月	
		销卡		

表1-5-17（5/6）

广东增值税普通发票
发 票 联

No 1114158

开票日期：2017年12月28日

购货单位	名　　　称：广州牛牛乳业有限公司 纳税人识别号：440122312560688950 地　址、电话：广州市中山路18号 开户行及账号：中国工商银行中山支行 4077300005699	密码区	（略）

货物或应税劳务名称	规格型号	单位	数量	单价	金额	税率	税额
仓库建造					242 718.45	3%	7 281.55
合　　计					242 718.45		7 281.55

价税合计（大写）	贰拾伍万元整	（小写）¥250 000.00

销货单位	名　　　称：广州市建筑二公司 纳税人识别号：440122482369874222 地　址、电话：广州市人民路45号 开户行及账号：广州市工商银行人民路支行 45832778	备注	4410122482369874222 发票专用章

收款人：那映　　复核：　　开票人：孙悦　　销货单位：（章）

表1-5-17（6/6）

支票号码 No.

中国工商银行转账支票

中国工商银行 转账支票存根 支票号码　No. 附加信息 出票日期　年　月　日 收款人： 金额： 用途： 单位主管：　会计：	本支票付款期限十天	出票日期（大写）　年　月　日　付款行名称： 收款人：　　　　　　　　　　　　出票人账号： 人民币 （大写）　　　　　亿千百十万千百十元角分 用途：_____ 上列款项请从 我账户内支付 出票人签章 　　　　　　　　　　　　　　　复核　　记账

17. 12月30日盘亏一台电焊机，原价3 000元，已提折旧1 920元，经批准核销处理，见表1-5-18。

表 1–5–18（1/3）

固定资产盘盈盘亏报告表

编号：12　　　　　　　　　2017 年 12 月 30 日　　　　　　　　　单位：元

固定资产编号	固定资产名称	规格型号	计量单位	账面		实点		盘盈		估计折旧	盘亏		已提折旧	原因
				数量	原值	数量	原值	数量	原值		数量	原值		
	电焊机		台	1	0						1	3 000	1 920	待查

处理意见	使用部门：机修车间	清查部门：办公室	审批部门：办公室

单位负责人：陈强　　使用或管理负责人：刘强　　财会负责人：李力　　清查负责人：袁鸣

表 1–5–18（2/3）

审批处理意见书

　　经厂部办公会议决定，现同意将盘亏的电焊机即日起按照会计制度的有关规定作为营业外支出予以处理，特此通知。

广州牛牛乳业有限公司（盖章）
2017.12.30

表 1–5–18（3/3）

固定资产报废单

填报企业：　　　　　　　2017 年 12 月 30 日　　　　　　　固废字（7）

使用部门	设备编号	统一	本厂	复杂系数	
	设备名称	电焊机		始用日期	2015.12.1
	型号规格	AM		原值	3 000
	设备隶级			全部使用年限	3 年
	设备类级	类　级		已使用年限	24 个月
	制造厂（国别）			使用部门	机修车间
	设备现状及报废原因	盘亏报废		主管：黎明　设备员：王画	
主管部门	设备管理员意见			设备管理员：张军	
	负责人意见	同意报废		主管：黄利	
	报废后处理意见				
财务部	折旧	1 920 元	净值	1 080 元	
	财务部意见	同意报废		主管：李力　经办人：黄河	
企业负责人		同意报废		主管：陈强	
上级机关审核		广州管理员	集团公司		

第二联：财务部门

报废日期：2017.12.30

18. 12月31日，计提本月固定资产折旧，见表1-5-19。

表1-5-19

固定资产折旧计算表

2017年12月31日　　　　　　　　　　　　　　　　　　　　　　单位：元

固定资产使用部门	月初应计折旧的 固定资产原值	月综合折旧率 〈‰〉	月折旧额
基本生产车间	略	略	
辅助生产车间			
行政管理部门			
销售部门			
合计			

复核：李力　　　　　　　　　　　　　　　　　　　　　　　　　　制单：黄河

（二）实训资料二

2017年12月，广州牛牛乳业有限公司有关无形资产、长期待摊费用业务如下：

1. 12月2日购入商标权B，见表1-5-20。

表1-5-20（1/2）

广东增值税普通发票

发 票 联　　　　　　　　　　　　　　　　　　　　　No 1114459

开票日期：2017年12月2日

购货单位	名　　称：广州牛牛乳业有限公司 纳税人识别号：440122312560688950 地　址、电话：广州市中山路18号 开户行及账号：工行中山支行4077300005699	密码区	（略）

货物或应税劳务名称	规格型号	单位	数量	单价	金额	税率	税额
商标权B					77 669.90	3%	2 330.10
合　计					77 669.90		2 330.10

价税合计（大写）	捌万元整	（小写）¥80 000.00

销货单位	名　　称：广州市商标管理局 纳税人识别号：440122482344889393 地　址、电话：广州市花城路458号 开户行及账号：工行花城路支行45836983	备注	广州市商标管理局 440122482344889393 发票专用章

收款人：罗云艳　　　复核：　　　开票人：李建民　　　销货单位：（章）

表 1-5-20（2/2）

| 中国工商银行转账支票存根 | 中国工商银行**转账支票** 支票号码 No. |

中国工商银行
转账支票存根
支票号码　No.
附加信息

出票日期　年　月　日

收款人：
金额：
用途：

单位主管：　会计：

中国工商银行**转账支票**　　　　　　　　支票号码 No.

出票日期(大写)　年　月　日　付款行名称：
收款人：　　　　　　　　　　　　出票人账号：

本支票付款期限十天

人民币（大写）　　亿千百十万千百十元角分

用途：＿＿＿＿
上列款项请从
我账户内支付
出票人签章　　　　　　　　　复核　　记账

2. 12月3日，广州香楼乳业有限公司将酸奶制作专利权作为投资，加入广州牛牛乳业有限公司，见表1-5-21。

表 1-5-21（1/2）

无形资产拨入单

转入或购入单位：广州牛牛乳业有限公司
转出或出售单位：广东香楼乳业有限公司　2017年12月3日　　　　　　单位：元

名　称	单位	数量	单　价	金　额	备　注
酸奶制作专利权	项	1	150 000.00	150 000.00	合同规定有效期至2027年12月3日止
合计				150 000.00	

单位主管：陈强　　　　　　　　　　　　　　　　　　　　　制单：黄河

表 1-5-21（2/2）

投资合同书（简）

接受投资单位：广州牛牛乳业有限公司（甲方）
投　资　单　位：广东香楼乳业有限公司（乙方）
　　甲方与乙方为投资事宜协议如下：
　　1. 乙方对甲方以酸奶制作专利权作为投资，双方协议价为人民币壹拾伍万元整，签订合同之日交付使用。
　　2. 投资期限为10年（法律规定有效期限为15年），投资期内不得随意抽回投资。
　　3. 乙方持有甲方注册资本300万元的5%并按比例参与利润的分配。

甲方签章：广州牛牛乳业有限公司　　　　　　乙方签章：广东香楼乳业有限公司
法定代表人签名：陈强　　　　　　　　　　　法定代表人签名：郭方
合同签订时间：2017年12月3日　　　　　　　 合同签订时间：2017年12月3日

3. 12月5日，技术部研制新型乳酸饮料领用材料，见表1-5-22。

表 1-5-22（1/2）

___字第_____号

领料部门_____

生产通知单号别_____

领 料 单
2017年12月5日

No. 0007117

制品名称：新型乳酸饮料				制造数量：		领料用途：研究新产品									
编号	品名	规格	单位	请领数量	实发数量	单价	十万	万	千	百	十	元	角	分	备注
	鲜奶		千克		100	5.00			5	0	0	0	0		
附件：				张	合 计		¥		5	0	0	0	0		

主管　　　会计　　　记账　　　发料　　　领料　　　制单

第二联：交会计部门

表 1-5-22（2/2）

___字第_____号

领料部门_____

生产通知单号别_____

领 料 单
2017年12月5日

No. 0007118

制品名称：新型乳酸饮料				制造数量：		领料用途：研究新产品									
编号	品名	规格	单位	请领数量	实发数量	单价	十万	万	千	百	十	元	角	分	备注
	香精		千克		100	52			5	2	0	0	0		
附件：				张	合 计		¥		5	2	0	0	0		

主管　　　会计　　　记账　　　发料　　　领料　　　制单

第二联：交会计部门

4. 12月10日，乳酸饮料配方研制成功，支付申请乳酸饮料配方专利律师咨询费和注册费，见表1-5-23。

表1-5-23（1/4）

中国工商银行转账支票存根	中国工商银行转账支票 支票号码 No.
支票号码 No. 附加信息 出票日期 年 月 日 收款人： 金额： 用途： 单位主管： 会计：	出票日期(大写) 年 月 日 付款行名称： 收款人： 出票人账号： 人民币（大写） 亿千百十万千百十元角分 用途： 上列款项请从 我账户内支付 出票人签章 复核 记账

表1-5-23（2/4）

广东增值税普通发票

No 1110147

发 票 联

开票日期：2017年12月10日

购货单位	名　　称：广州牛牛乳业有限公司 纳税人识别号：440122312560688950 地址、电话：广州市中山路18号 开户行及账号：工商银行中山支行 4077300005699	密码区	（略）

货物或应税劳务名称	规格型号	单位	数量	单价	金额	税率	税额
律师咨询费					11 650.49	3%	349.51
合　计					11 650.49		349.51

价税合计（大写）	壹万贰仟元整	（小写）¥12 000.00

销货单位	名　　称：广州方圆律师事务所 纳税人识别号：440122482885997727 地址、电话：广州市人民路887号 开户行及账号：工商银行人民路支行 45832123	备注	（发票专用章） 广州方圆律师事务所 440122482885997727

收款人：李联杰　　复核：　　开票人：卫民　　销货单位：（章）

表 1-5-23 (3/4)

广东省行政事业性收费统一票据

2017 年 12 月 7 日　　　　　　　　　　　　　　　　　AD04678906

缴款单位（人）广州牛牛乳业有限公司

执收单位代码	项目编码	项目名称	计费单位	计费数量	收费标准	金额(元)
	乳酸饮料制造配方专利	专利注册费	件	1		4 000.00
合计人民币（大写）	肆仟元整				￥4 000.00	
缴款通知书编号		收款方式		备注		

收款单位(盖章)　　　　开票人：许雪微　　　　收款人：章丽

（财务专用章 广州市专利审批专用章）

第二联　收据

表 1-5-23 (4/4)

中国工商银行 转账支票存根 支票号码 No. 附加信息 _____ _____ 出票日期　年　月　日 收款人： 金额： 用途： 单位主管：　会计：	本支票付款期限十天	**中国工商银行转账支票**　　支票号码 No. 出票日期(大写)　年　月　日　付款行名称： 收款人：　　　　　　　　　出票人账号： 人民币（大写）｜亿千百十万千百十元角分｜ 用途：_____ 上列款项请从 我账户内支付 出票人签章 　　　　　　　　　　　　复核　　记账

5. 12 月 18 日，出售保健饮料配方专利权，见表 1-5-24。

表1-5-24 (1/3)

广东增值税普通发票

No 12146988

发 票 联　　开票日期：2017年12月18日

购货单位	名　称：深圳光明乳酸有限公司				密码区			第二联：发票联　购货方记账凭证
	纳税人识别号：440122314796853311					（略）		
	地　址、电　话：深圳市红岭路218号							
	开户行及账号：中国工商银行南山支行021-2938707							
货物或应税劳务名称	规格型号	单位	数量	单价	金额	税率	税额	
保健饮料配方专利权					95 145.63	3%	2 854.37	
合　计					95 145.63		2 854.37	
价税合计（大写）　玖万捌仟元整					（小写）￥98 000.00			
销货单位	名　称：广州牛牛乳业有限公司				备注	440122312560688950 发票专用章		
	纳税人识别号：440122312560688950							
	地　址、电　话：广州市中山路18号							
	开户行及账号：中国工商银行中山支行4077300005699							
收款人：罗云　　复核：　　开票人：李建　　销货单位：（章）								

表1-5-24 (2/3)

工商银行 进账单（收账通知） 3

2017年12月18日　　　　　第 234 号

出票人	全称	深圳光明乳酸有限公司		收款人	全称	广州牛牛乳业有限公司									
	账号	021—2938707			账号	4077300005699									
	开户银行	工行南山支行			开户银行	工行中山支行									
人民币（大写）	玖万捌仟元整					千	百	十	万	千	百	十	元	角	分
								￥	9	8	0	0	0	0	0
票据种类	电汇		票据张数	1											
票据号码	234679														
			复核　　　　记账				收款人开户行盖章								

表1-5-24 (3/3)

无形资产调拨单

受让单位：深圳光明乳酸有限公司
转让单位：广州牛牛乳业有限公司　　2017年12月18日　　　　　编号：

名称	单位	数量	原有价值	已摊销额	账面净值	双方协商价值	备注
保健饮料配方专利权	项	1	100 000.00	20 000.00	80 000.00	98 000.00	
合计						98 000.00	

审核：李力　　　　　　　　　　　　　　　　　　　　　　　　制单：黄河

6. 12月18日，计算转让无形资产所有权应交的税金，见表1-5-25。

表1-5-25

无形资产转让税金计算单

2017年12月18日

税费名称	计征金额(1)	税率费(2)	应纳税费(3)=(1)×(2)	备注
增值税		3%		
城市维护建设税		7%		
教育费附加		3%		
合计				

审核：李力　　　　　　　　　　　　　　　　　　　制单：黄河

7. 12月23日，收到转让乳酸饮料配方使用权收入，见表1-5-26。

表1-5-26（1/2）

广东增值税普通发票

No 12146989

发票联　　　　开票日期：2017年12月23日

购货单位	名　称	广州燕塘乳酸有限公司	密码区	（略）	第二联：发票联　购货方记账凭证
	纳税人识别号	440122314145698434			
	地址、电话	广州市燕岭路112号			
	开户行及账号	中国工商银行燕塘支行 0001-6668888			

货物或应税劳务名称	规格型号	单位	数量	单价	金额	税率	税额
乳酸饮料配方专利					17 475.73	3%	524.27
合　计					17 475.73		524.27

| 价税合计（大写） | 壹万捌仟元整 | （小写）￥18 000.00 |

销货单位	名　称	广州牛牛乳业有限公司	备注	440122312560688950 发票专用章
	纳税人识别号	440122312560688950		
	地址、电话	广州市中山路18号		
	开户行及账号	中国工商银行中山支行 4077300005699		

收款人：罗云　　复核：　　开票人：李建　　销货单位：（章）

表1-5-26（2/2）

工商银行 进账单（收账通知） 3

2017年12月23日　　　　　　　　　第 287 号

出票人	全称	广州燕塘乳酸有限公司	收款人	全称	广州牛牛乳业有限公司
	账号	0001-6668888		账号	4077300005699
	开户银行	工行燕塘支行		开户银行	工行中山支行

| 人民币（大写） | 壹万捌仟元整 | ￥18 000 00 |

| 票据种类 | 支票 | 票据张数 | 1 |
| 票据号码 | 3497 | | |

复核　　　　记账　　　　　　　　收款人开户行盖章

8. 计算转让无形资产使用权应交的税金,见表1-5-27。

表1-5-27

无形资产转让税金计算单

2017年12月23日　　　　　　　　　　　　　　　　　　单位:元

税费名称	计征金额(1)	税率费(2)	应纳税费(3)=(1)×(2)	备注
增值税		3%		
城市维护建设税		7%		
教育费附加		3%		
合　计				

审核:李力　　　　　　　　　　　　　　　　　　　　　　　制单:黄河

9. 12月24日,支付租入销售部办公室装修费5万元,见表1-5-28。

表1-5-28 (1/2)

中国工商银行 转账支票存根 支票号码 No. 附加信息 出票日期　年　月　日 收款人: 金额: 用途: 单位主管:　会计:	支票号码 No. **中国工商银行转账支票** 出票日期(大写)　年　月　日　付款行名称: 收款人:　　　　　　　　　　出票人账号: 人民币(大写)　｜亿千百十万千百十元角分｜ 用途: 上列款项请从 我账户内支付 出票人签章 　　　　　　　　　　　　　　复核　记账

表1-5-28（2/2）

广东增值税普通发票
发票联

No 1110445

开票日期：2017年12月18日

| 购货单位 | 名称：广州牛牛乳业有限公司
纳税人识别号：440122312560688950
地址、电话：广州市中山路18号
开户行及账号：中国工商银行中山支行 4077300005699 | 密码区 | （略） |

货物或应税劳务名称	规格型号	单位	数量	单价	金额	税率	税额
装修费					48 543.69	3%	1 456.31
合 计					48 543.69		1 456.31

| 价税合计（大写） | 伍万元整 | （小写）¥50 000.00 |

| 销货单位 | 名称：广州白云家装公司
纳税人识别号：440122482884962153
地址、电话：广州市人民路659号
开户行及账号：广州市工商银行人民路支行 45818975 | 备注 | （广州白云家装公司
440122482884962153
发票专用章） |

收款人：鲁雨　　复核：　　开票人：李双　　销货单位：（章）

10. 12月31日，摊销租入销售部办公楼装修费（按租赁期两年摊销），见表1-5-29。

表1-5-29

长期待摊费用摊销计算表

2017年12月31日　　　　　　　　　　　　　　　单位：元

名称	账面价值	摊销期	月摊销额	摊余价值	备注
办公楼装修费	50 000	2年	2 083.33	47 916.67	
合 计	50 000		2 083.33	47 916.67	

审核：李力　　　　　　　　　　　　　　　　　　　制单：黄河

11. 12月31日，摊销无形资产，见表1-5-30。

表1-5-30

无形资产摊销计算表

2017年12月31日

名称	账面价值	摊销期	月摊销额	摊余价值	备注
酸奶制作专利	150 000	10年			
商标权B	80 000	10年			
乳酸饮料配方	16 000	10年			
合 计	246 000				
备注	无形资产摊销采用直线法				

审核：李力　　　　　　　　　　　　　　　　　　　制单：黄河

实训六　费用成本会计岗位实训

一、实训目的

1. 了解费用成本会计岗位的职责。
2. 了解企业生产特点、工艺流程和成本计算方法的确定。
3. 掌握"生产成本"、"制造费用"明细账的设置与登记，以及各项生产费用的归集方法。
4. 掌握材料费用、动力费用、工薪费用、折旧费用、辅助生产费用、制造费用等其他费用的分配方法。
5. 掌握成本计算的品种法、分批法，并能够编制简单的成本计算表。
6. 掌握产品明细账的设置与登记方法及完工产品结转的账务处理。

二、实训要求

1. 根据实训资料登记"生产成本——基本生产成本（铸件）"、"生产成本——基本生产成本（208）"、"生产成本——基本生产成本（209）"明细账，"自制半成品（A、B、C、D、E、F）"明细账、"库存商品（208、209）"明细账期初余额。
2. 计算编制二车间工薪分配表、电费分配表。
3. 根据经济业务编制记账凭证，并登记"生产成本——基本生产成本（铸件）"、"生产成本——基本生产成本（208）"、"生产成本——基本生产成本（209）"、"生产成本——辅助生产成本"、"制造费用——一车间"、"制造费用——二车间"、"管理费用"明细账。
4. 根据辅助生产明细账归集的费用，编制辅助生产费用分配表，进行分配账务处理。
5. 计算一车间"制造费用"明细账所归集的费用，转入"生产成本——一车间（制造费用）"项目。
6. 根据二车间"制造费用"明细账所归集的费用，编制二车间制造费用分配表并进行账务处理。
7. 计算编制一车间完工产品成本表，并作自制半成品入库的账务处理。
8. 计算编制二车间完工产品成本分配表并进行账务处理。
9. 编制产品成本入库汇总表，作账务处理。
10. 实习用纸：多栏式费用明细账 8 张，产成品明细账 2 张，自制半成品明细账 6 张，记账凭证 28 张。

三、实训资料

1. 广州市乐平机械股份公司属于单件小批装配式复杂生产企业，设有两个基本生产车间（一车间铸造、二车间机加工装配），一个辅助生产车间（机修车间）以及各行政科室。产品根据各定货单位的要求组织生产，本期的主要产品是斗式提升机和带式输送机。根据生产任务通知单，确定为批号208斗式提升机、209带式输送机。生产的组织分为铸造、机加工、装配。由于一车间（生产铸造）有独立的半成品（铸件），同一批铸件又可能用于生产几种不同产品，因此不应按批号划分，为此，将铸件作为一个独立的成本计算对象，设在一车间，按品种法独立进行计算。先计算出每千克合格铸件成本，然后再按208、209两种产品所耗的各种铸件重量比例分配费用，全部铸件视同自制半成品处理，完工后作为自制半成品入库，领用时分别计入二车间208、209产品生产成本。

机加工是对零部件加工提供产品装配之用，一般不需要单独计算零部件成本，因此，把加工装配确定为第二车间，按208、209两种产品的批别作为成本计算对象，产品成本计算采用分批法。

为了适应生产特点和成本管理的要求，该厂实行厂部一级核算。生产成本明细账分别按车间、产品开设。一车间以铸件作为成本计算对象，开设"生产成本——基本生产成本"明细账；二车间按两种不同产品开设"生产成本——基本生产成本"明细账。成本项目为：直接材料、直接人工、制造费用。

生产过程为：一车间将生铁等材料熔炼成铸件（半成品），第二车间将半成品和其他材料加工成产成品零部件，再加外购配件装配成产品。

辅助生产车间——机修车间为全厂提供修理劳务，发生的直接费用通过"生产成本——辅助生产成本"明细账归集；然后计算出辅助生产成本。再根据辅助生产车间为各单位提供修理劳务工时，采用直接分配法，将当月费用全部分配给基本生产各车间和管理部门。

生产车间为组织管理发生的费用分别设置一车间"制造费用"明细账与二车间"制造费用"明细账核算，发生的各项费用分别在各车间归集。月末，由于一车间只生产一种产品（铸件），所以一车间的制造费用直接转入一车间生产成本明细账，不需要分配。二车间发生的制造费用应在所生产的208、209两种产品之间按产品的生产工时比例分配（分配率保留三位小数，分配时尾差计入后一种产品），按分配数计入各种生产成本明细账。

厂部各职能科室为组织管理全厂生产所发生的费用在"管理费用"明细账归集，月末将当期发生的管理费用总额转入本年利润科目的借方，月末应无余额。

生产车间按前述各产品设置生产成本明细账。分别归集各产品的生产费用，由于铸造没有在产品，一车间归集的生产费用合计就是本期所产产品总成本，根据合格铸件报告表计算出各种部件的铸件总成本与单位成本，分别转入"自制半成品"明细账（出库时按加权平均单价计价，平均单价要求保留两位小数）。

二车间生产的斗式提升机，于11月份投产50台，12月份全部完工。带式输送机于10月份投产100台，本期完工50台，生产费用按上述两种产品归集，按照分批法原则，208产品本期全部完工，所归集的生产费用合计就是该批产品的总成本，除以产量即为单位成本。209 产品本期完工 50 台的生产成本，按计划成本资料计算结转，209 产品明细账的生产费用合计减完工产品的计划成本，即为期末在产品成本。

成本核算程序如下：

（1）根据各费用分配表登记各有关明细账。
（2）编制辅助生产费用分配表。
（3）根据辅助生产费用分配表计入有关费用明细账。
（4）结转并分配一车间制造费用。
（5）编制二车间制造费用分配表。
（6）将二车间制造费用计入生产成本明细账。
（7）计算结转自制半成品。
（8）计算 208、209 两种完工产品成本。

2. 2017 年 12 月份有关成本计算资料见表 1-6-1 至表 1-6-5。

表 1-6-1

12 月初各基本生产成本明细账余额

单位：元

成本项目	斗式提升机（208）	带式输送机（209）
直接材料	11 328.20	153 844.80
直接人工	5 588.27	36 014.40
制造费用	26 715.64	59 263.95
合　计	43 632.11	249 123.15

表 1-6-2

12 月初自制半成品各明细账余额

单位：元

品　名	计量单位	数　量	单　价	金额（元）
A	件	100	73.116	7 311.60
B	件	200	9.215	1 843.00
C	件	100	10.84	1 084.00
D	件	200	27.18	5 436.00
E	件	100	4.613	416.30
F	件	100	3.321	332.10
合　计	件			16 423.00

表1-6-3

12月初库存商品明细账余额

单位：元

品　名	规　格	计量单位	数　量	单位成本	金　额
208斗式提升机		台	30	3 380	101 400
209带式输送机		台	30	2 910	87 300
合计					188 700

表1-6-4

带式输送机计划成本资料

单位：元

成本项目	单位成本
直接材料	1 900
直接人工	440
制造费用	610
合计	2 950

表1-6-5

广州市乐平机械股份公司12月份工时统计表

车　间	实际工作工时	备　注
一车间	8 997	（1）二车间实际工作工时为12 203工时；其中208斗式提升机为8 542工时，209带式输送机为3 661工时 （2）机修车间为各单位提供修理劳务一车间500工时，二车间800工时，企业管理部门200工时
二车间	12 203	
机修车间	1 500	
合　计	22 700	

说明：一车间12月份产量记录：投料总量108 100千克，其中，生铁8万千克，废钢28 100千克，合格铸件重量95 000千克，废品毛坯5 000千克，损耗8 100千克。

3. 12月份发生相关的成本费用经济业务见表1-6-6至表1-6-22。

（1）厂部办公室购买办公用品，见表1-6-6。

表1-6-6（1/2）

广东增值税专用发票

No 1110236

发 票 联

开票日期：2017 年 12 月 02 日

购货单位	名　　　　称：广州市乐平机械股份公司 纳税人识别号：440122312560611333 地　址、电话：广州市白云路18号 开户行及账号：工商银行白云支行4088300005678	密码区	（略）

货物或应税劳务名称	规格型号	单位	数量	单价	金额	税率	税额
复印纸					167.15	17%	28.42
合　计					167.15		28.42

价税合计（大写）	壹佰玖拾伍元伍角柒分	（小写）¥195.57

销货单位	名　　　　称：广州市好又多百货商业广场 纳税人识别号：440122482812986212 地　址、电话：广州市广源新村景泰直街83号 开户行及账号：工商银行人民路支行45818888	备注	

收款人：陈方　　　复核：　　　开票人：李丽　　　销货单位：（章）

表1-6-6（2/2）

现 金 支 出 凭 单

第 1 号

附件 1 张　　　2017 年 12 月 2 日

对方科目编号	

用款
事项：购买办公用品（厂部办公室用）

人民币
（大写）：壹佰玖拾伍元伍角柒分　　　　　　　　　　¥195.57

收款人 李强　　　主管人员　　　　会计人员　　　　出纳员 付讫
（签章）　　　　　（签章）　　　　（签章）　　　　（签章）

（2）一车间购买办公用品，见表1-6-7。

表1-6-7（1/2）

广东增值税专用发票

发 票 联

№ 1110278

开票日期：2017年12月08日

| 购货单位 | 名　　称：广州市乐平机械股份公司
纳税人识别号：440122312560611333
地 址、电 话：广州市白云路18号
开户行及账号：工商银行白云支行 4088300005678 | 密码区 | （略） |

货物或应税劳务名称	规格型号	单位	数量	单价	金额	税率	税额
笔、纸					170.60	17%	29.00
合　计					170.60		29.00

| 价税合计（大写） | 壹佰玖拾玖元陆角整 | （小写） ¥199.60 |

| 销货单位 | 名　　称：广州市好又多百货商业广场
纳税人识别号：440122482812986212
地 址、电 话：广州市广源新村景泰直街83号
开户行及账号：工商银行人民路支行 45818888 | 备注 | （广州市好又多百货商业广场
440122482812986212
发票专用章） |

收款人：陈方　　　复核：　　　开票人：李丽　　　销货单位：（章）

表1-6-7（2/2）

现 金 支 出 凭 单

第 2 号

	对方科目编　号	

附件 1 张　　　　2017年12月8日

用款事项：	购买办公用品（一车间办公用）	现金付讫

| 人民币（大写） | 壹佰玖拾玖元陆角整 | ¥199.60 |

| 收款人李强（签章） | 主管人员（签章） | 会计人员（签章） | 出纳员付讫（签章） |

(3) 二车间购买办公用品，见表1-6-8。

表1-6-8（1/2）

广东增值税专用发票

发 票 联

№ 1110299

开票日期：2017年12月14日

购货单位	名　　　称：广州市乐平机械股份公司 纳税人识别号：440122312560611333 地　址、电　话：广州市白云路18号 开户行及账号：工商银行白云支行4088300005678	密码区	（略）

货物或应税劳务名称	规格型号	单位	数量	单价	金额	税率	税额
笔、纸					140.00	17%	23.80
合　计					140.00		23.80

价税合计（大写）	壹佰陆拾叁元捌角整	（小写）¥163.80

销货单位	名　　　称：广州市好又多百货商业广场 纳税人识别号：440124482812986212 地　址、电　话：广州市广源新村景泰直街83号 开户行及账号：工商银行人民路支行45818888	备注	（广州市好又多百货商业广场 440124482812986212 发票专用章）

收款人：陈方　　　复核：　　　开票人：李丽　　　销货单位：（章）

第二联：发票联　购货方记账凭证

表1-6-8（2/2）

现 金 支 出 凭 单

第 3 号

附件　1　张	2017年12月14日	对方科目编　号	

用款事项：购买办公用品（二车间办公用）			（现金付讫）
人民币 （大写）：壹佰陆拾叁元捌角整			¥163.80
收款人李强 （签章）	主管人员 （签章）	会计人员 （签章）	出纳员付讫 （签章）

(4) 支付电话费，见表1-6-9。

表 1-6-9（1/2）

托 收 凭 证（受理回单）　1

委托日期 2017 年 12 月 18 日

业务类型		委托收款（□邮划　□电划）	托收承付（□邮划　□电划）	
付款人	全称	广州市乐平机械股份有限公司	收款人	全称	广东省电信有限公司广州分公司
	账号	4088300005678		账号	3602091501000085364
	开户银行	工行白云支行		开户银行	工行广州分行

托收金额	人民币（大写）	陆佰陆拾陆元整		千	百	十	万	千	百	十	元	角	分
			¥					6	6	6	0	0	

款项内容	电话费	托收凭据名称		托收承付		附寄单证张数	1 张

商品发运情况		合同名称号码	10087

（中国工商银行广州分行 中山支行 2017.12.18）

备注：		款项收妥日期	收款单位开户银行盖章
复核　记账		2017 年 12 月 18 日	年　月　日

表 1-6-9（2/2）

广东增值税专用发票　　发 票 联

№ 1114593

开票日期：2017 年 12 月 15 日

购货单位	名　称	广州市乐平机械股份有限公司	密码区	（略）
	纳税人识别号	440122312560611333		
	地址、电话	广州市白云路 18 号		
	开户行及账号	工商银行白云支行 4088300005678		

货物或应税劳务名称	规格型号	单位	数量	单价	金额	税率	税额
电话费					600.00	11%	66.00
合　计					600.00		66.00

价税合计（大写）	陆佰陆拾陆元整	（小写）¥666.00

销货单位	名　称	广东省电信有限公司	备注	
	纳税人识别号	440122482812587171		
	地址、电话	广州市人民路 783 号		
	开户行及账号	工商银行广州分行 3602091501000085364		

（广东省电信有限公司 440122482812587171 发票专用章）

收款人：陈方　　　复核：　　　开票人：李丽　　　销货单位：（章）

第二联：发票联　购货方记账凭证

(5)报销差旅费,见表1-6-10。

表1-6-10(1/2)

旅差费报销单

填报日期:2017年12月19日

单位名称											
姓 名	陈欢		出差地点	上海			出差日期	自2017年12月12日 至2017年12月17日			
事由	公差										

日期			起讫地点		车船费		在途补助			住勤补助			杂(宿)费	备注
年	月	日	起	讫	类别	金额	行程时间	标准	金额	日数	标准	金额		
2017	12	2	广州	上海		300 00	小时							
	12	7	上海	广州		300 00	小时			5	30	150 00	250 00	
							小时							
合 计						600 00	小时					150 00	250 00	1 000.00

以上单据共 10 张　总计金额人民币(大写)零万壹仟零佰零拾零元零角零分　　经领人盖章 陈欢

预支旅费人民币¥　　元,付现金人民币¥ 1 000元

主管　　　审核 胡观　　　出纳 金宴　　　填报人 陈欢

表1-6-10(2/2)

现 金 支 出 凭 单

第 4 号

附件 10 张　　　2017年12月19日　　对方科目编　号

用款事项:厂部办公室主任陈欢报销差旅费

现金付讫

人民币
(大写):壹仟元整　　　　　　　　　　　　　　¥ 1 000.00

收款人 陈欢　　主管 胡观　　会计 萧鸿　　出纳员
(签章)　　　人员　　　人员　　　付 讫 金宴
　　　　　(签章)　　(签章)　　(签章)

(6) 分配工薪,见表 1-6-11。

表 1-6-11 (1/2)

工薪费用分配汇总表

2017 年 12 月 21 日

车间和部门	应借账户		制造费用	管理费用	职工福利费	合计
	生产成本					
	基本生产成本	辅助生产成本				
一车间	9 310.50		467.00			9 777.50
二车间	10 347.50		977.30			11 324.80
其中:208 斗式提升机						
209 带式输送机						
机修车间		2 340.80				2 340.80
管理部门				2 449.10		2 449.10
医务保育人员					266.20	266.20
销售人员				148.10		148.10
合　计	19 658.00	2 340.80	1 444.30	2 597.20	266.20	26 306.50

制表:萧鸿　　　　　　　　　　　　　　　　　　　　　　　　　　审核:胡观

表 1-6-11 (2/2)

二车间工薪分配计算表

2017 年 12 月 21 日

工作令号	产品	生产工时	分配率	应分配费用
208				
209				
合　计				10 347.50

制表:萧鸿　　　　　　　　　　　　　　　　　　　　　　　　　　审核:胡观

说明:分配率保留五位小数,尾数计入 209 产品。

(7) 计提福利费,见表 1-6-12。

表 1-6-12 (1/2)

职工福利费计算表

2017 年 12 月 22 日

车间部门		工薪总额	按工薪总额14%计提的应付福利费
第一车间	生产工人	9 310.50	1 303.47
	管理工人	467.00	65.38
第二车间	生产工人	10 347.50	1 448.65
	208 斗式提升机		
	209 带式输送机		
	管理人员	977.30	136.82
机修车间		2 340.80	327.71
管理部门		2 449.10	342.87
医务室托儿所		266.20	37.27
销售人员		148.10	20.73
合　计		26 306.50	3 682.90

制表:萧鸿　　　　　　　　　　　　　　　　　　　　　　　　审核:胡观

说明:计算时保留两位小数。

表 1-6-12 (2/2)

二车间职工福利费分配计算表

2017 年 12 月 22 日

工作令号	产品	生产工时	分配率	应分配费用
208				
209				
合计				

制表:萧鸿　　　　　　　　　　　　　　　　　　　　　　　　审核:胡观

说明:分配率保留五位小数,分配尾差计入 209 产品。

(8) 计提固定资产折旧,见表 1-6-13。

表 1-6-13

固定资产折旧计算表

2017 年 12 月 23 日

项目	固定资产类别	应提折旧月初原值	月折旧率(%)	月折旧额
基本生产	一车间	700 000		2 650
	生产用房屋	200 000	0.20	400
	机器设备	500 000	0.45	2 250
	二车间	800 000		2 975
	生产用房屋	250 000	0.20	500
	机器设备	550 000	0.45	2 475
辅助生产	生产用房屋	100 000	0.20	200
	机器设备	150 000	0.45	675
厂部管理部门	房屋	430 000	0.20	860
	机器设备	100 000	0.45	450
	运输工具	150 000	0.45	675
	合　计	2 430 000		8 485

制表：萧鸿　　　　　　　　　　　　　　　　　　　　　　　　　　审核：胡观

（9）耗用材料，见表 1-6-14。

表 1-6-14（1/2）

发出材料汇总表

2017 年 12 月 24 日

	应借账户	生产成本			制造费用		管理费用	合计
应贷账户		一车间	二车间	机修成本	一车间	二车间	管理部门	
原材料	原材料及主要材料	48 730	42 747	1 507				92 984.00
	辅助材料		315				480	795.00
	外购半成品		68 160					68 160.00
	燃料	15 840				600	1 200	17 640.00
	周转材料			450	2 201.7	4 722.6		7 374.30
	合　计	64 570	111 222	1 957	2 201.7	5 322.6	1 680	186 953.30

制表：萧鸿　　　　　　　　　　　　　　　　　　　　　　　　　　审核：胡观

表1-6-14（2/2）

材料费用分配表

2017年12月24日

分配对象		成本项目	原材料	周转材料	合计
生产成本	一车间 铸件	直接材料	64 570.00		64 570.00
	二车间 208 斗式提升机	直接材料	83 541.80		83 541.80
	二车间 209 带式输送机	直接材料	27 680.20		27 680.20
	辅助生产成本——机修车间	直接材料	1 507.00		1 507.00
制造费用	机修车间	周转材料摊销		450.00	450.00
	一车间	周转材料摊销		2 201.70	2 201.70
	二车间	机物料消耗	600.00		600.00
		周转材料摊销		4 722.60	4 722.60
管理费用		修理费	480.00		480.00
		运输费	1 200.00		1 200.00
合　　计			179 579.00	7 374.30	186 953.30

制表：萧鸿　　　　　　　　　　　　　　　　　　　　　　　审核：胡观

（10）支付并分配水费，见表1-6-15。

表1-6-15（1/4）

广东增值税专用发票
抵　扣　联

№ 0259381

开票日期：2017年12月25日

购货单位	名　　称：广州市乐平机械股份有限公司 纳税人识别号：440122312560611333 地址、电话：广州市白云路18号 开户行及账号：工行白云支行 4088300005678	密码区	3＜＞20-3+8+7＜+5-2+487＜　加密版本号： 4＞+6059/3477626-/-+/8＞　23 1＜12/5＜1++/28220＊49/0　3240023220 6＞5＜24-＞＞3＊05/＞＞92　07881134	第二联：抵扣联　购货方扣税凭证
货物或应税劳务名称	规格型号	单位	数量	单价	金　额	税率	税　额
水		吨	265	4.00	1 060.00	13%	137.80
合计					1 060.00		137.80
价税合计（大写）	壹仟壹佰玖拾柒元捌角整			（小写）￥1 197.80			
销货单位	名　　称：广州市自来水公司 纳税人识别号：440102708258082758 地址、电话：广州市红岭路187号 开户行及账号：建行红岭路支行 3602091501000012344	备注					

收款人：王伟　　　复核：李山　　　开票人：柳艳　　　销货单位：（章）

表1-6-15（2/4）

广东增值税专用发票
发 票 联

No 0259381

开票日期：2017 年 12 月 25 日

<table>
<tr><td rowspan="4">购货单位</td><td>名　　　称</td><td colspan="2">广州市乐平机械股份有限公司</td><td rowspan="4">密码区</td><td colspan="3">3＜＞20－3＋8＋7＜＋5－2＋487＜　加密版本号：</td><td rowspan="4">第三联：发票联　购货方记账凭证</td></tr>
<tr><td>纳税人识别号：</td><td colspan="2">440122312560611333</td><td colspan="3">4＞＋6059/3477626－/－＋/8＞　　23</td></tr>
<tr><td>地址、电话</td><td colspan="2">广州市白云路18号</td><td colspan="3">1＜12/5＜1＋＋/28220＊49/0　3240023220</td></tr>
<tr><td>开户行及账号</td><td colspan="2">工行白云支行
4088300005678</td><td colspan="3">6＞5＜24－＞＞3＊05/＞＞92　07881134</td></tr>
<tr><td colspan="2">货物或应税劳务名称</td><td>规格型号</td><td>单位</td><td>数量</td><td>单价</td><td>金　　额</td><td>税率</td><td>税　　额</td></tr>
<tr><td colspan="2">水</td><td></td><td>吨</td><td>265</td><td>4.00</td><td>1 060.00</td><td>13%</td><td>137.80</td></tr>
<tr><td colspan="2">合　计</td><td></td><td></td><td></td><td></td><td>1 060.00</td><td></td><td>137.80</td></tr>
<tr><td colspan="2">价税合计（大写）</td><td colspan="4">壹仟壹佰玖拾柒元捌角整</td><td colspan="3">（小写）￥1 197.80</td></tr>
<tr><td rowspan="4">销货单位</td><td>名　　　称</td><td colspan="3">广州市自来水公司</td><td rowspan="4">备注</td><td colspan="3"></td></tr>
<tr><td>纳税人识别号：</td><td colspan="3">440102708258082758</td><td colspan="3"></td></tr>
<tr><td>地址、电话</td><td colspan="3">广州市红岭路187号</td><td colspan="3"></td></tr>
<tr><td>开户行及账号</td><td colspan="3">建行红岭路支行
3602091501000012344</td><td colspan="3"></td></tr>
</table>

收款人：王伟　　　复核：李山　　　开票人：柳艳　　　销货单位：（章）

表1-6-15（3/4）

托 收 凭 证（受理回单）　1

委托日期 2017 年 12 月 25 日

<table>
<tr><td colspan="2">业务类型</td><td colspan="2">委托收款（□邮划　□电划）</td><td colspan="2">托收承付（□邮划　□电划）</td><td colspan="12"></td></tr>
<tr><td rowspan="3">付款人</td><td>全　称</td><td colspan="2">广州市乐平机械股份有限公司</td><td rowspan="3">收款人</td><td>全　称</td><td colspan="12">广州市自来水公司</td></tr>
<tr><td>账　号</td><td colspan="2">4088300005678</td><td>账　号</td><td colspan="12">3602091501000012344</td></tr>
<tr><td>开户银行</td><td colspan="2">工行白云支行</td><td>开户银行</td><td colspan="12">建行红岭路支行</td></tr>
<tr><td rowspan="2">托收金额</td><td>人民币
（大写）</td><td colspan="5">壹仟壹佰玖拾柒元捌角整</td><td>千</td><td>百</td><td>十</td><td>万</td><td>千</td><td>百</td><td>十</td><td>元</td><td>角</td><td>分</td></tr>
<tr><td></td><td colspan="5"></td><td colspan="10">￥1　1　9　7　8　0</td></tr>
<tr><td colspan="2">款项内容</td><td colspan="2">水费</td><td>托收凭据
名　称</td><td>发票</td><td>托收承付</td><td colspan="3"></td><td colspan="3">附寄单证张数</td><td colspan="4">1张</td></tr>
<tr><td colspan="2">商品发运情况</td><td colspan="6">中国建设银行广州分行
红岭路支行
2017.12.25</td><td colspan="3">合同名称号码</td><td colspan="7"></td></tr>
<tr><td colspan="2">备注：</td><td colspan="8"></td><td colspan="9"></td></tr>
<tr><td colspan="2"></td><td colspan="4">复核　　记账</td><td colspan="4">款项收妥日期
2017 年 12 月 25 日</td><td colspan="8">收款单位开户银行盖章
年　　月　　日</td></tr>
</table>

表 1－6－15 (4/4)

水 费 分 配 表

2017 年 12 月 25 日   单位：元

车间、部门	实际耗水量(吨)	分配率	应分配费用	
一车间	86	4.30	369.80	说明:实际耗水量是根据财务科报来的各单位水表计量计算的
二车间	18.8	4.30	80.84	
机修车间	36	4.30	154.80	
厂部各部门	105.7	4.30	454.56	
合 计	246.5	4.30	1 060	

制表：萧鸿   审核：胡观

(11) 支付并分配电费，见表 1－6－16。

表 1－6－16 (1/5)

广东增值税专用发票
抵 扣 联

No 1259117

开票日期：2017 年 12 月 25 日

购货单位	名　　称：广州市乐平机械股份公司 纳税人识别号：440122312560611333 地址、电话：广州市白云路18号 开户行及账号：工行白云支行 4088300005678	密码区	3＜＞20－3＋8＋7＜＋5－2＋789＜ 加密版本号： 4＋＋6059/3477626－/－＋/8＞　36 1＜12/5＜1＋＋/28220＊49/0　3240023119 6＞5＜24－＞＞3＊05/＞＞92　07881134

货物或应税劳务名称	规格型号	单位	数　量	单价	金　　额	税率	税　额
电		度	10 000	0.50	5 000.00	17%	850.00
合 计					5 000.00		850.00

价税合计（大写）	伍仟捌佰伍拾元整 　　　　（小写）￥5 850.00

销货单位	名　　称：广州市供电公司 纳税人识别号：440106768691234353 地址、电话：广州市景泰路118号 开户行及账号：工行白云支行 0012－2245－1978	备注	

收款人：张丽   复核：李立   开票人：王从   销货单位（章）

第二联：抵扣联　购货方扣税凭证

表1-6-16（2/5）

广东增值税专用发票
发票联

No 1259117

开票日期：2017 年 12 月 25 日

购货单位	名　　　称	广州市乐平机械股份公司	密码区	3＜＞20－3＋8＋7＜＋5－2＋789＜　加密版本号： 4＞＋6059/3477626－/－＋/8＞　36 1＜12/5＜1＋＋/28220＊49/0　3240023119 6＞5＜24－＞＞3＊05/＞＞92　07881134	第三联：发票联　购货方记账凭证
	纳税人识别号：	440122312560611333			
	地址、电话：	广州市白云路18号			
	开户行及账号：	工行白云支行 4088300005678			

货物或应税劳务名称	规格型号	单位	数量	单价	金额	税率	税额
电		度	10 000	0.50	5 000.00	17%	850.00
合计					5 000.00		850.00

价税合计（大写）	伍仟捌佰伍拾元整	（小写）¥ 5 850.00

销货单位	名　　　称	广州市供电公司	备注	广州市供电公司 4401067686912343534 发票专用章
	纳税人识别号：	440106768691234353		
	地址、电话：	广州市景泰路118号		
	开户行及账号：	工行白云支行 0012-2245-1978		

收款人：张丽　　　复核：李立　　　开票人：王从　　　销货单位（章）

表1-6-16（3/5）

托 收 凭 证（受理回单）　1

委托日期 2017 年 12 月 25 日

业务类型		委托收款（□邮划　□电划）	托收承付（□邮划　□电划）			
付款人	全　　称	广州市乐平机械股份公司	收款人	全　　称	广州市供电公司	
	账号	4088300005678		账　号	0012-2245-1978	
	开户银行	工行白云支行		开户银行	工行白云支行	

托收金额	人民币 （大写）	伍仟捌佰伍拾元整			千百十万千百十元角分 ¥　　　5 8 5 0 0 0
款项内容	电费	托收凭据 名称	发票	托收承付	附寄单证张数　1张
商品发运情况				合同名称号码	中国工商银行广州分行 白云支行 2017.12.25
备注：			款项收妥日期 2017 年 12 月 25 日	收款单位开户银行盖章 年　月　日	
	复核　记账				

表1-6-16(4/5)

2017年12月份耗用电量记录

车间部门	生产用电			照明用电			合计
	数量	单价	金额	数量	单价	金额	
一车间	2 000	0.50	1 000.00	500	0.50	250.00	1 250.00
二车间	4 000	0.50	2 000.00	600	0.50	300.00	2 300.00
机修车间	1 500	0.50	750.00	150	0.50	75.00	825.00
厂部				1 250	0.50	625.00	625.00
合 计	7 500	0.50	3 750.00	2 500	0.50	1 250.00	5 000.00

制表：萧鸿　　　　　　　　　　　　　　　　　　　　　　　　　　审核：胡观

说明：(1) 耗用数量根据分厂、车间部门电表计量。
　　　(2) 生产外购电力应计入生产成本——直接材料项目。
　　　(3) 电费分配率保留四位小数。

表1-6-16(5/5)

二车间生产用电费分配计算表

2017年12月26日

工作令号	产品	生产工时	分配率	应分配费用
208				
209				
合计				

制表：萧鸿　　　　　　　　　　　　　　　　　　　　　　　　　　审核：胡观

(12) 归集并结转辅助生产车间的费用，见表1-6-17、表1-6-18。

表1-6-17

制造费用分配表

车间：辅助生产车间　　　　2017年12月28日

制造费用发生额	转入辅助生产的制造费用额

制表：萧鸿　　　　　　　　　　　　　　　　　　　　　　　　　　审核：胡观

表1-6-18

辅助生产费用分配表

车间：机修车间　　　　2017年12月27日　　　　　　　　　　（直接分配法）

应分配费用	机修工时	分配率	第一车间		第二车间		企业管理部门	
			工时	金额	工时	金额	工时	金额

制表：萧鸿　　　　　　　　　　　　　　　　　　　　　　　　　　审核：胡观

说明：分配率保留三位小数，分配尾差计入企业管理部门。

(13) 归集结转车间的制造费用,见表 1-6-19、表 1-6-20。

表 1-6-19

制造费用分配表

车间：一车间　　　　　　　　　2017 年 12 月 28 日

产品				应结转制造费用
铸件				
合　计				

制表：萧鸿　　　　　　　　　　　　　　　　　　　　　　　　　审核：胡观

表 1-6-20

制造费用分配表

车间：二车间　　　　　　　　　2017 年 12 月 28 日

工作令号	产品	生产工时	分配率	应分配制造费用
208				
209				

制表：萧鸿　　　　　　　　　　　　　　　　　　　　　　　　　审核：胡观

说明：分配率保留三位小数,分配尾差记入 209 产品。

(14) 计算一车间铸件的生产成本,见表 1-6-21。

表 1-6-21（1/4）

合格铸件报告表

2017 年 12 月 29 日

产品名称	半成品名称	数量(件)	单位重量(千克)	总重量(千克)
斗式提升机	A	500	80	40 000
	B	1 000	10	10 000
	C	900	15	13 500
	小　计	2 400		63 500
带式输送机	D	700	30	21 000
	E	900	5	4 500
	F	1 400	4.29	6 000
	小　计	3 000		31 500
	合　计	5 400		95 000

查验：张平　　　　　　　　　车间负责人：兰花　　　　　　　　　统计：钟生

表1-6-21（2/4）

一车间完工产品成本计算表

2017年12月29日　　　　　　　　　　　　　　　　　　总重量：95 000千克

项目		成本项目			
		直接材料	直接人工	制造费用	合计
本期完工产品总成本					
单位成本					
其中	A 总成本				
	B 总成本				
	C 总成本				
	D 总成本				
	E 总成本				
	F 总成本				

制表：萧鸿　　　　　　　　　　　　　　　　　　　　　　　审核：胡观

说明：单位成本保留五位小数，尾差计入F半成品。

表1-6-21（3/4）

自制半成品入库汇总表

交库车间：一车间　　　　　　2017年12月29日　　　　　　仓库：半成品库

产品编号	产品名称	半成品名称	数量（件）		单位成本	总成本
			应交	实收		
	斗式提升机	A	500	500		
		B	1 000	1 000		
		C	900	900		
	合　计		2 400	2 400	—	

注：成本保留三位小数

保管：马杰　　　　　　车间负责人：兰平　　　　　　　　　制单：卫平

表1-6-21（4/4）

自制半成品入库汇总表

交库车间：一车间　　　　　　2017年12月29日　　　　　　仓库：半成品库

产品编号	产品名称	半成品名称	数量（件） 应交	数量（件） 实收	单位成本	总成本
	带式输送机	D	700	700		
		E	900	900		
		F	1 400	1 400		
	合　计		3 000	3 000	—	

注：单位成本保留三位小数

保管：马杰　　　　　　车间负责人：兰平　　　　　　制单：卫平

（15）二车间领用自制半成品，见表1-6-22。

表1-6-22（1/2）

半成品出库（生产领用）汇总表

领料部门：二车间斗式提升机　　　　2017年12月30日　　　　附出库单：10张

半成品名称	单位	出库数量	单位成本	金额
A	件	200		
B	件	400		
C	件	500		
合　计				

制表：莆鸿　　　　　　　　　　　　　　　　　　　　　　　审核：胡观

说明：请在"半成品"明细账上计算各半成品的月末加权单位成本，将半成品的月末加权单位成本乘以月末结存的数量，计算出月末结存的半成品成本，再倒挤出出库半成品成本（月初半成品成本＋本月收入半成品成本－月末结存半成品成本），表1-6-20（2/4）计算方法相同（加权平均单位成本保留两位小数）。

表1-6-22（2/2）

半成品出库（生产领用）汇总表

领料部门：二车间带式输送机　　　　2017年12月30日　　　　附出库单：

半成品名称	单位	出库数量	单位成本	金额
D	件	300		
E	件	500		
F	件	750		
合计				

制表：莆鸿　　　　　　　　　　　　　　　　　　　　　　　审核：胡观

（16）计算二车间完工产成品成本，见表1-6-23。

表 1-6-23（1/4）

期末完工产品和在产品成本分配计算表

产品名称：带式输送机　　2017 年 12 月 31 日　　投产日期：2017 年 10 月
工作令号：209　　　　　　　　　　　　　　　　完工日期：2017 年 12 月
批量：100 台　　　　　　　　　　　　　　　　　已完工：50 台

成本项目	直接材料	直接人工	制造费用	合计
期末生产成本明细账生产费用合计				
本期产成品计划单位成本				
本期产成品总成本				
期末在产品成本				

制表：萧鸿　　　　　　　　　　　　　　　　　　　　　　　　审核：胡观

表 1-6-23（2/4）

完工产品成本计算表

产品名称：斗式提升机　　2017 年 12 月 31 日　　投产日期：2017 年 11 月
产品批量：50 台　　　　　　　　　　　　　　　完工日期：2017 年 12 月
工作令号：208

成本项目	直接材料	直接人工	制造费用	合计
期末生产成本明细账生产费用合计				
本批产品总成本				
本期产品单位成本				

制表：萧鸿　　　　　　　　　　　　　　　　　　　　　　　　审核：胡观

表 1-6-23（3/4）

产 成 品 入 库 单

交库车间：二车间　　2017 年 12 月 31 日　　　　　　　　　仓库：成品库

产品编号	产成品名称	型号规格	计量单位	送验数量	查验结果 合格	查验结果 不合格	实收数量	备注
	斗式提升机	208	台	50	50		50	
	带式输送机	209	台	50	50		50	

保管员：周军　　查验员：马杰　　车间负责人：赵忠　　统计员：王兴　　制单：张平

表 1-6-23（4/4）

产成品入库汇总表

2017 年 12 月 31 日

产品名称	型号规格	计量单位	数量	单位成本	总成本
斗式提升机	208	台	50		
带式输送机	209	台	50		
合　计					

制表：萧鸿　　　　　　　　　　　　　　　　　　　　　　　　审核：胡观

实训七 收入、利润会计岗位实训

一、实训目的

1. 了解收入、利润会计岗位的职责。
2. 掌握企业销售收入的确认、计量和销售发货票、结算凭证的填写。
3. 掌握销售明细账的设置、登记、销售收入的账务处理。
4. 掌握销售成本计算和销售成本结转的账务处理。
5. 掌握其他业务收支、投资收益的账务处理。
6. 掌握企业销售利润、利润总额、应交所得税、净利润的计算。
7. 能够对企业税后利润进行分配,能进行年终未分配利润的结转。

二、实训要求

1. 根据资料设置有关所有者权益、损益类总账和明细账。
2. 根据 12 月份经济业务,逐笔登记有关原始凭证和编制记账凭证。
3. 根据记账凭证登记有关所有者权益、损益类明细账,并进行月结。
4. 编制科目汇总表。
5. 根据科目汇总表登记有关损益类总账。
6. 实训用纸:总账 13 张(双面 7 张),三栏式明细账 15 张(双面 8 张),多栏式明细账 3 张(双面 2 张),记账凭证汇总表 3 张,记账凭证 32 张。

三、实训资料

1. 有关所有者权益、损益类账户余额见表 1 - 7 - 1。

表 1 - 7 - 1　　**有关所有者权益、损益类账户余额**　　(1—11 月)

总　账	明细账及格式		借或贷	余　额		备　注
				总　账	明细账	
利润分配			贷	150 000		
	提取法定盈余公积	A				
	应付利润	A				
	未分配利润	A	贷		150 000	
主营业务收入			贷	5 150 000		
	250 毫升高钙低脂奶	A	贷		3 150 000	

续表

总　　账	明细账及格式	借或贷	余　　额		备　注
			总账	明细账	
	250毫升纯牛奶	A	贷		2 000 000	
主营业务成本			借	4 050 000		
	250毫升高钙低脂奶	A	借		2 450 000	
	250毫升纯牛奶	A	借		1 600 000	
税金及附加	主营业务税金及附加	A	借	200 312	200 312	
其他业务收入	其他业务收入	A	贷	60 000	60 000	
其他业务成本	其他业务支出	A	借	45 000	45 000	
销售费用		C	借	200 000	200 000	
管理费用		C	借	180 000	180 000	
财务费用	多栏式	C	借	40 000	40 000	
投资收益	投资收益	A	贷			
营业外收入	营业外收入	A	贷	8 000	8 000	
营业外支出	营业外支出	A	借	16 000	16 000	
所得税费用	所得税	A	借	121 750	121 750	

说明：A为三栏式明细账；C为多栏式明细账。

2. 广州燕塘乳业有限责任公司为一般纳税人，增值税税率17%。2017年12月，发生有关经济业务如下（广州燕塘乳业有限责任公司地址：广州天河区燕岭路182号，纳税人识别号：440102312561912054，开户行：工行燕岭路支行，账号：0142-0316-8432）：

（1）12月1日，向珠海百佳商场销售高钙低脂奶2 000箱，每箱45元，价款9万元，增值税15 300元；纯牛奶2 000箱，每箱40元，价款8万元，增值税13 600元，另代垫运费500元（现金），收商业承兑汇票（面值199 400元，期限两个月），见表1-7-2。

表1-7-2（1/5）

广东增值税专用发票

No 02548241

此联不作报销、扣税凭证使用　　开票日期：2017年12月1日

购货单位	名　　称：珠海万佳商场	密码区	3<>20-3+8+7<+5-2+487<加密版本号： 4>+6059/3477626-/-+/8>23 1<12/5<1++/28220*49/0　3240023220 6>5<24->>3*05/>>92　　07881134
	纳税人识别号：440603433107282		
	地　址、电话：珠海市沿江路35号		
	开户行及账号：工行沿江路支行1123-0934-2118		

货物或应税劳务名称	规格型号	单位	数　量	单　价	金　　额	税率	税　　额
高钙低脂奶	250毫升	箱	2 000	45	90 000.00	17%	15 300.00
纯牛奶	250毫升	箱	2 000	40	80 000.00	17%	13 600.00
合　　计					170 000.00		28 900.00

价税合计（大写）	壹拾玖万捌仟玖佰元整	（小写）¥198 900.00

销货单位	名　　称：广州燕塘乳业有限责任公司	备 注
	纳税人识别号：440102312561912	
	地　址、电话：广州天河区燕岭路182号	
	开户行及账号：工行燕岭路支行0142-0316-8432	

收款人：罗方　　　复核：吴珍　　　开票人：许建国　　　销货单位：（章）

第一联：记账联 销货方记账凭证

表 1-7-2（2/5）　　　　　　　　　出 库 单

提货部门：　　　　　　　　　　　年 月 日　　　　　　　　No. 0067147

产品编号	名称	规格	单位	数量	单价	成本总额 万 千 百 十 元 角 分	产品明细账 页 号	说 明

第三联：记账

部门主管　　　　会计　　　　记账　　　　保管　　　　提货人　　　　制单

表 1-7-2（3/5）

表1-7-2（4/5）

现 金 支 出 凭 单　　第 1 号

附件 1 张　　2017 年 12 月 1 日

| 对方科目编号 | |

人民币（大写）：	伍佰元整　　　￥500.00

（现金付讫）

收款人 李平	主管人员 吴珍	会计人员 周英	出纳员付讫 罗方
（签章）	（签章）	（签章）	（签章）

表1-7-2（5/5）

商 业 承 兑 汇 票　　（存根）　3

出票日期　贰零壹柒年壹拾贰月零壹日（大写）　　汇票号码：1195

付款人	全称	珠海万佳商场	收款人	全称	广州燕塘乳业有限责任公司
	账号	1123-0934-2118		账号	0142-0316-8432
	开户银行	工行珠海市沿江路支行		开户银行	工行广州市燕岭路支行

出票金额	人民币（大写）　壹拾玖万玖仟肆佰元整	千百十万千百十元角分　￥1 9 9 4 0 0 0 0
汇票到期日（大写）	贰零壹捌年壹拾贰月零壹日	付款人开户行　账号／地址

交易合同号：09607	备注： 中国工商银行珠海分行 沿江路支行 2017.12.01 （21）
	出票人签章

（2）12月2日，向汕头市华新有限责任公司销售高钙低脂奶1 000箱，单价45元，价款45 000元，增值税7 650元；销售纯牛奶1 000箱，单价40元，价款4万元，增值税6 800元，另代垫运费1 000元（支票），办妥托收手续（电划），见表1-7-3。

表 1-7-3（1/5）　　　**广东增值税专用发票**　　　No 02548242

此联不作报销、扣税凭证使用　　　开票日期：2017 年 12 月 2 日

购货单位	名　　　称：汕头市华新有限责任公司 纳税人识别号：440505608349563221 地址、电话：汕头市太平路 12 号 开户行及账号：工行汕头太平路支行 0015-1018-8283	密码区	3<>20-3+8+7<+5-2+487<加密版本号： 4>+6059/3477626-/-+/8> 23 1<12/5<1++/28220*49/0 3240023220 6>5<24->>3*05/>>92 07881134

货物或应税劳务名称	规格型号	单位	数　量	单　价	金　　额	税率	税　　额
高钙低脂奶	250 毫升	箱	1 000	45	45 000.00	17%	7 650.00
纯牛奶	250 毫升	箱	1 000	40	40 000.00	17%	6 800.00
合　　计					85 000.00		14 450.00

价税合计（大写）　玖万玖仟肆佰伍拾元整　　　　　　　　　（小写）￥99 450.00

销货单位	名　　　称：广州燕塘乳业有限责任公司 纳税人识别号：440103212561912054 地址、电话：广州天河区燕岭路 182 号 开户行及账号：工行燕岭路支行 0142-0316-8432	备注	

收款人：罗方　　　复核：吴珍　　　开票人：许建国　　　销货单位：（章）

第一联：记账联 销货方记账凭证

表 1-7-3（2/5）　　　**出　库　单**

提货部门：　　　　　　　　　　　　　年　月　日　　　　　　No. 0067147

产　品			单位	数量	单价	成本总额							产品 明细账		说　明
编号	名　称	规格				万	千	百	十	元	角	分	页	号	

部门主管　　　会计　　　记账　　　保管　　　提货人　　　制单

第三联：记账

表 1-7-3（3/5）

广东增值税专用发票
发 票 联

No 1128978

开票日期：2017 年 12 月 02 日

购货单位	名　　　称：汕头市华新有责任公司 纳税人识别号：440505608349563221 地址、电话：汕头市太平路 12 号 开户行及账号：工行汕头太平路支行 0015-1018-8283	密码区	（略）

货物或应税劳务名称	规格型号	单位	数量	单 价	金　额	税率	税　额
运费					900.90	11%	99.10
合　计					900.90		99.10

价税合计（大写）	壹仟元整	（小写） ￥1 000.00

销货单位	名　　　称：广州顺风运输有限公司 纳税人识别号：440104289780120544 地址、电话：广州市燕岭路 753 号 开户行及账号：工行燕岭路支行 3602091501018976894	备注	

收款人：张强　　复核：　　开票人：赵明明　　销货单位：（章）

第二联：发票联 购货方记账凭证

表 1-7-3（4/5）

中国工商银行 转账支票存根 支票号码 No. 附加信息 ―――――― ―――――― 出票日期　年　月　日 收款人： 金　额： 用　途： 单位主管：　会计：	**中国工商银行转账支票**　　　　　支票号码 No. 出票日期（大写）　年　月　日　付款行名称： 收款人：　　　　　　　　　　　　　出票人账号： 本支票付款期限十天　　人民币（大写）　　亿千百十万千百十元角分 用途：＿＿＿＿＿ 上列款项请从 我账户内支付　　复核　　　记账 出票人签章

表 1-7-3（5/5）

托 收 凭 证（受理回单）　　1

委托日期　　年　月　日

业务类型	委托收款（□邮划　□电划）		托收承付（□邮划　□电划）	
付款人	全称		收款人	全称
	账号			账号
	开户银行			开户银行

托收金额	人民币（大写）			千百十万千百十元角分
款项内容	货款	托收凭据名称	托收承付	附寄单证张数　3张
商品发运情况	已发运		合同名称号码	3476
备注：		款项收妥日期		收款单位开户银行盖章
	复核　记账	年　月　日		年　月　日

（3）2日，银行结算手续费140元，见表1-7-4。

表 1-7-4

工商银行广州分行
付款通知书

网点号：1901　　　　　交易代码：03024　　　　　日期：2017/12/02

单位名称：	广州燕塘乳业有限责任公司	
账号：	0142-0316-8432	
摘要：结算金额： 邮电费：15.00元 手续费：125.00元		
	金额合计：	￥140.00
金额合计：（大写）	人民币壹佰肆拾元整	

中国工商银行广州分行
燕岭路支行
2017.12.02
（21）

第二联 回单

注：此付款通知书加盖我行业务公章方有效。
流水号：01109　　　　　　　　　　　　　　　　　经办：1693

（4）4日，向广州永安食品有限公司出租房屋，收到本月租金5 000元，见表1-7-5。

表 1-7-5（1/3）

广东增值税普通发票
记 账 联

No 02548278

开票日期：2017 年 12 月 04 日

购货单位	名　　　称：广州永安食品有限公司 纳税人识别号：440102312567896737 地　址、电　话：广州市东山路792号 开户行及账号：工行东山路支行 　　　　　　　0411-2313-5612	密码区	（略）

货物或应税劳务名称	规格型号	单位	数量	单价	金　　额	税率	税　　额
房屋出租					5 000.00	3%	150.00
合　　计					5 000.00		150.00

价税合计（大写）	伍仟壹佰伍拾元整	（小写）¥5 150.00

销货单位	名　　　称：广州燕塘乳业有限责任公司 纳税人识别号：440102312561912054 地　址、电　话：广州天河区燕岭路182号 开户行及账号：工行燕岭路支行 　　　　　　　0142-0316-8432	备注	

第一联：记账联　销货方记账凭证

收款人：罗方　　复核：吴珍　　开票人：许建国　　销货单位：（章）

表 1-7-5（2/3）

中国工商银行转账支票

No 2152395

出票日期（大写）贰零壹柒年壹拾贰月零肆日　　付款行名称：广州市工行东山路支行
收款人：广州燕塘乳业有限责任公司　　　　　　　出票人账号：0411-2313-5612

人民币 （大写）	伍仟壹佰伍拾元整	千百十万千百十元角分 　　　¥515000

本支票付款期限十天

用途　租金
上列款项请从
我账户内支付
出票人签章

科目（借）
对方科目（贷）
复核　　记账

表 1-7-5（3/3）

工商银行 进账单（收账通知）3

年 月 日　　　　　　　　第　号

出票人	全　称		收款人	全　称		千	百	十	万	千	百	十	元	角	分
	账　号			账　号											
	开户银行			开户银行											
人民币（大写）															
票据种类		支票		票据张数											

此联是收款人开户银行交给收款人的收账通知

收款人开户行盖章

（5）4日，按房屋租金收入应交增值税的7%计提城市维护建设税，按3%计提教育费附加，见表1-7-6。

表 1-7-6　教育费附加及城市维护建设税计算表

2017年12月4日

项　目	金额（元）	备　注
城市维护建设税、教育费附加的计税金额		
本月应交城市维护建设税（7%）		
本月应交教育费附加（3%）		
合计		

制表：许建国　　　　　审核：吴珍

（6）6日，向广州光明乳业股份公司出售香精（材料）50千克，每千克40元（收支票），见表1-7-7。

表1-7-7（1/3）

广东增值税专用发票

此联不作报销、扣税凭证使用

No 02548243

开票日期：2017年12月6日

购货单位	名　　　称：广州光明乳业股份公司 纳税人识别号：440102387861914786 地址、电话：广州白云区景泰路182号 开户行及账号：工行景泰路支行 0198-0712-8231	密码区	3<>20-3+8+7<+5-2+487<加密版本号： 4>+6059/3477626-/-+/8>23 1<12/5<1++/28220*49/0　3240023220 6>5<24->>3*05/>>92　07881134

货物或应税劳务名称	规格型号	单位	数量	单价	金　额	税率	税　额
香精		千克	50	40	2 000.00	17%	340.00
合　计					2 000.00		340.00

价税合计（大写）	贰仟叁佰肆拾元整	（小写）¥2 340.00

销货单位	名　　　称：广州燕塘乳业有限责任公司 纳税人识别号：440102312561912054 地址、电话：广州天河区燕岭路182号 开户行及账号：工行燕岭路支行 0142-0316-8432	备注	

收款人：罗方　　复核：吴珍　　开票人：许建国　　销货单位：（章）

第一联：记账联　销货方记账凭证

表1-7-7（2/3）

中国工商银行转账支票

No 1526428

出票日期（大写）贰零壹柒年壹拾贰月零陆日　　付款行名称：工行景泰路支行
收款人：广州燕塘乳业有限责任公司　　出票人账号：0198-0712-8231

人民币 （大写）	贰仟叁佰肆拾元整	千	百	十万	千	百	十元	角	分
				¥	2	3	4	0	0	0

用途　货款
上列款项请从
我账户内支付
出票人签章

科目（借）
对方科目（贷）
复核　　记账

本支票付款期限十天

表 1-7-7（3/3）

工商银行 进账单（收账通知）3

年 月 日　　　　第　号

出票人	全称		收款人	全称										
	账号			账号										
	开户银行			开户银行										
人民币（大写）					千	百	十	万	千	百	十	元	角	分
票据种类		支票		票据张数										
					收款人开户行盖章									

此联是收款人开户银行交给收款人的收账通知

（7）结转上项销售材料的成本，假设香精每千克成本为35元，见表1-7-8。

表 1-7-8　　　　**销售材料成本计算表**

2017年12月6日

材料名称	销售数量	单位成本	销售总成本

制表：　　　　　审核：

（8）5日，收到汕头市华新有限责任公司货款，见表1-7-9。

表1-7-9

托 收 凭 证（汇款依据或收款通知） 4

委托日期 2017 年 12 月 2 日　　　　　　付款期限 2017 年 12 月 5 日

业务类型		委托收款（□邮划　□电划）		托收承付（□邮划　□电划）	
付款人	全　称	汕头市华新有限责任公司	收款人	全　称	广州燕塘乳业有限责任公司
	账　号	0015-1018-8283		账　号	0142-0316-8432
	开户银行	汕头工行太平路支行		开户银行	广州市工行燕岭路支行
托收金额	人民币（大写）	壹拾万零肆佰伍拾元整		千百十万千百十元角分 ¥ 1 0 0 4 5 0 0 0	
款项内容		货款	托收凭据名称 发票、运单	托收承付	附寄单证张数　3张
商品发运情况		已发运		合同名称号码	
备注：			上列款项已划回收入你方账户内 收款人开户银行签章 年　月　日		
		复核　　　　记账			

（盖章：中国工商银行汕头分行 太平路支行 2017.12.02 (21)）

（9）8日，向广州太白商场销售高钙低脂奶1 000箱，单价45元，价款45 000元，增值税7 650元；销售纯牛奶1 000箱，单价40元，价款4万元，增值税6 800元，收支票（99 450元），见表1-7-10。

表1-7-10（1/4）　　　　**广东增值税专用发票**　　　　No 02548244

此联不作报销、扣税凭证使用　　　开票日期：2017 年 12 月 8 日

购货单位	名　称：广州太白商场	密码区	3<>20-3+8+7<+5-2+487<加密版本号： 4>+6059/3477626-/-+/8>23 1<12/5<1++/28220*49/0　3240023220 6>5<24->>3*05/>>92　07881134	第一联：记账联　销货方记账凭证
	纳税人识别号：4401057389280083021			
	地址、电话：广州北京路82号			
	开户行及账号：工行景泰路支行 0015-1018-8971			

货物或应税劳务名称	规格型号	单位	数　量	单　价	金　　额	税率	税　　额
高钙低脂奶	250毫升	箱	1 000	45	45 000.00	17%	7 650.00
纯牛奶	250毫升	箱	1 000	40	40 000.00	17%	6 800.00
合　计					85 000.00		14 450.00

价税合计（大写）	玖万玖仟肆佰伍拾元整	（小写）¥99 450.00	
销货单位	名　称：广州燕塘乳业有限责任公司	备注	
	纳税人识别号：4401023125619120 54		
	地址、电话：广州天河区燕路182号		
	开户行及账号：工行燕塘路支行 0142-0316-8432		

收款人：罗方　　　复核：吴珍　　　开票人：许建国　　　销货单位：（章）

表1-7-10（2/4）

出 库 单

提货部门：　　　　　　　　　年　月　日　　　　　　　No.0067147

产品			单位	数量	单价	成本总额							产品明细账		说　明
编号	名称	规格				万	千	百	十	元	角	分	页	号	

第三联：记账

部门主管　　　　会计　　　　记账　　　　保管　　　　提货人　　　　制单

表1-7-10（3/4）

中国工商银行　转账支票

No 24698264

出票日期（大写）　贰零壹柒年壹拾贰月零捌日　　付款行名称：　工行景泰路支行

付款人：　广州燕塘乳业有限责任公司　　出票人账号：　0015-1018-8971

人民币（大写）　玖万玖仟肆佰伍拾元整

千	百	十	万	千	百	十	元	角	分
		¥	9	9	4	5	0	0	0

用途　货款

广州太白商场财务专用章

科目（借）　　　　　　　赵芳

上列款项请从

对方科目（贷）

我账户内支付

复核　　　记账

出票人签章

本支票付款期限十天

表1-7-10（4/4）

工商银行　进账单（收账通知）3

年　月　日　　　　　　　　第　号

出票人	全称		收款人	全称	
	账号			账号	
	开户银行			开户银行	

人民币（大写）	千	百	十	万	千	百	十	元	角	分

票据种类	支票	票据张数

收款人开户行盖章

此联是收款人开户银行交给收款人的收账通知

(10) 9日，办公室主任何庆出差回来，报销差旅费4 480元，余款520元退回，见表1-7-11。

表1-7-11（1/2）

旅差费报销单

填报日期：2017年12月9日

单位名称

姓名	何庆	出差地点	北京			出差日期		自2017年12月1日 至2017年12月7日			
事由	公差										

日期			起讫地点		车船费		在途补助		住勤补助			杂(宿)费	备注
年	月	日	起	讫	类别	金额	行程时间	标准	金额	日数	标准	金额		
2017	12	2	广州	北京		1 500 00	小时			7	40	280 00	1 000 00	
	12	7	北京	广州		1 500 00	小时						200 00	
							小时							
合计						3 000 00	小时					280 00	1 200 00	4 480.00

以上单据共10张 总计金额人民币（大写）零万肆仟肆佰捌拾零元零角零分	经领人盖章	何庆
预支旅费人民币¥5 000元，交回现金人民币¥520元		

主管 何庆　　　审核 许建国　　　出纳 罗方　　　填报人 何庆

表1-7-11（2/2）

现金收入凭单

第　号

附件 10 张　　2017年12月9日

对方科目编号	

用款事项：交回多余差旅费	现金收讫
人民币（大写）：伍佰贰拾元整　　　　¥520.00	

交款人 何庆（签章）	主管人员：吴珍（签章）	会计人员：许建国（签章）	出纳员 付讫 罗方（签章）

(11) 10日，向广州东山百货公司出租货车，收到本月租金1 000元，见表1-7-12。

表1-7-12(1/3)

广东增值税普通发票
记 账 联

No 02548279

开票日期：2017年12月10日

购货单位	名　　称：广州东山百货公司 纳税人识别号：440102312561258788 地址、电话：广州市东山路718号 开户行及账号：工行东山路支行0411-2313-9942	密码区	（略）	第一联：记账联　销货方记账凭证

货物或应税劳务名称	规格型号	单位	数量	单价	金　额	税率	税　额
货车出租					1 000.00	3%	30.00
合　　计					1 000.00		30.00

价税合计（大写）	壹仟零叁拾元整		（小写）¥1 030.00

销货单位	名　　称：广州燕塘乳业有限责任公司 纳税人识别号：440102312561912054 地址、电话：广州天河区燕岭路182号 开户行及账号：工行燕岭路支行0142-3316-8432	备注	

收款人：罗方　　　复核：吴珍　　　开票人：许建国　　　销货单位：（章）

表1-7-12(2/3)

中国工商银行转账支票

No 2159876

出票日期（大写）：贰零壹柒年壹拾贰月零壹拾日　　付款行名称：工行广州市东山路支行
收款人：广州燕塘乳业有限责任公司　　　　　　　　出票人账号：0411-2313-9942

人民币 （大写）	壹仟零叁拾元整	千百十万千百十元角分 　　　　¥103000

用途　租金
上列款项请从
我账户内支付
出票人签章

科目（借）..................
对方科目（贷）..............
复核　　　记账

本支票付款期限十天

表 1-7-12（3/3）

工商银行 进账单（收账通知）3

年 月 日　　　　　　第　号

出票人	全称		收款人	全称	
	账号			账号	
	开户银行			开户银行	

人民币（大写）		千	百	十	万	千	百	十	元	角	分

票据种类	支票	票据张数	
票据号码			

复核　　　记账　　　　　　　收款人开户行盖章

此联是收款人开户银行交给收款人的收账通知

（12）10日，按货车出租应交增值税的7%计提城市维护建设税，按3%计提教育费附加，见表1-7-13。

表 1-7-13　教育费附加及城市维护建设税计算表

2017年12月10日

项　目	金　额（元）	备　注
城市维护建设税、教育费附加的计税金额		
本月应交城市维护建设税（7%）		
本月应交教育费附加（3%）		
合　计		

制表：许建国　　　　　　　　　　审核：吴珍

（13）10日，向佛山玫瑰商场销售高钙低脂奶1 000箱，单价45元，价款45 000元，增值税7 650元；纯牛奶500箱，单价40元，价款2万元，增值税3 400元，代垫运费500元（现金），办妥委托收款手续，见表1-7-14。

表1-7-14（1/5）

广东增值税专用发票

No 02548245

此联不作报销、扣税凭证使用　　开票日期：2017年12月10日

| 购货单位 | 名　　　称：佛山玫瑰商场
纳税人识别号：440401527419217225
地址、电话：佛山市中华路205号
开户行及账号：工行中华路支行0492-9837-4271 | 密码区 | 3<>20-3+8+7<+5-2+487<加密版本号：
4>+6059/3477626-/-+/8>23
1<12/5<1++/28220*49/0　3240023220
6>5<24->>3*05/>>92　07881134 |

货物或应税劳务名称	规格型号	单位	数量	单价	金　额	税率	税　额
高钙低脂奶	250毫升	箱	1 000	45.00	45 000.00	17%	7 650.00
纯牛奶	250毫升	箱	500	40.00	20 000.00	17%	3 400.00
合　　计					65 000.00		11 050.00

| 价税合计（大写） | 柒万陆仟零伍拾元整 | （小写）￥76 050.00 |

| 销货单位 | 名　　　称：广州燕塘乳业有限责任公司
纳税人识别号：440103312561912054
地址、电话：广州天河区燕岭路182号
开户行及账号：工行燕塘路支行0142-0316-8432 | 备注 | |

第一联：记账联　销货方记账凭证

收款人：罗方　　　复核：吴珍　　　开票人：许建国　　　销货单位：（章）

表1-7-14（2/5）

广东增值税专用发票
发票联

No 1128989

开票日期：2017年12月10日

| 购货单位 | 名　　　称：佛山玫瑰商场
纳税人识别号：440401527419217256
地址、电话：佛山市中华路205号
开户行及账号：工行中华路支行0492-9837-4271 | 密码区 | （略） |

货物或应税劳务名称	规格型号	单位	数量	单价	金　额	税率	税　额
运费					450.45	11%	49.55
合　　计					450.45		49.55

| 价税合计（大写） | 伍佰元整 | （小写）￥500.00 |

| 销货单位 | 名　　　称：广州顺风运输有限公司
纳税人识别号：440104289780120544
地址、电话：广州市燕岭路753号
开户行及账号：工行燕岭路支行
3602091501018976894 | 备注 | |

第二联：发票联　购货方记账凭证

收款人：张强　　　复核：　　　开票人：赵明明　　　销货单位：（章）

表 1-7-14（3/5）

出 库 单

提货部门：　　　　　　　　　　　年　月　日　　　　　　　　　　　　　No 0067148

产　品			单位	数量	单价	成 本 总 额								产品明细账		说　明
编号	名　称	规格				万	千	百	十	元	角	分		页	号	

第三联：记账

部门主管　　　　　会计　　　　　记账　　　　　保管　　　　　提货人　　　　　制单

表 1-7-14（4/5）

现 金 支 出 凭 单　　　　　　　第　1　号

附件 1 张　　　2017 年 12 月 1 日　　　　　　　对方科目编号

用款事项：代垫运费

人民币（大写）：伍佰元整　　　　　¥500.00

现金付讫

收款人　　　　　　主管　　　　　　　会计　　　　　　　出纳员

　胡雨　　　　人员：吴珍　　　　人员：许建国　　　　付讫 罗方

（签章）　　　　（签章）　　　　　（签章）　　　　　（签章）

表 1-7-14（5/5）

托 收 凭 证（受理回单）　　1

委托日期　年　月　日

业务类型		委托收款（□邮划　□电划）		托收承付（□邮划　□电划）	
付款人	全　称		收款人	全　称	
	账　号			账　号	
	开户银行			开户银行	
托收金额	人民币（大写）				千百十万千百十元角分
款项内容		货款	托收凭据名称	托收承付	附寄单证张数　3张
商品发运情况		已发运	合同名称号码		7491
备注：			款项收妥日期		收款单位开户银行盖章
		复核　　　记账	年　月　日		年　月　日

（14）银行结算手续费 100 元，见表 1-7-15。

表 1-7-15

工商银行广州分行
付款通知书

网点号：1901　　　　　　交易代码：23024　　　　　　日期：2017/12/10

单位名称：广州燕塘乳业有限责任公司	
账号：0142-0316-8432	
摘要：结算金额： 　　　邮电费：5.00 　　　手续费：95.00	金额合计：　¥100.00
金额合计：（大写）　壹佰元整	

（中国工商银行广州分行 燕岭路支行 2017.12.10 （21））

注：此付款通知书加盖我行业务公章方有效。

流水号：01042　　　　　　　　　　　　　　经办：1673

第二联　回单

(15) 13日，税收罚款2 000元，见表1-7-16。

表 1-7-16

中华人民共和国
税收通用完税证

纳税人编码 78481236　　　　　　　　　　（2006）穗国完电 № 4036472

注册类型：国内企业　　填发日期：2017年12月13日　　征收机关：天河区国税局管理一科

纳税人代码	440102312561912		地址	广州天河区燕塘路182号	
纳税人名称	广州燕塘乳业有限责任公司		税款所属时期	2017年10月31日至2017年11月30日	
税　种	品目名称	课税数量	计税金额或销售收入	税率或单位税额	已缴或扣除额	实缴金额
税务部门其他罚没收入	罚没收入		0.00	0%		¥2 000.00
金额合计	（大写）　贰仟元整		¥2 000.00			
税务机关 （盖章）	委托代征单位 （盖章）		填票人（章） 戴翠娟	备注	其他部门查补罚没　行为罚款 4036398 442804000003137558 穗国税计征局天河征收科	

第一联（收据）收款盖章后退纳税单位（人）

(16) 15日，销售部主任马俊报销出租汽车费250元，见表1-7-17。

表1-7-17（1/2）

现金支出凭单　　　　　　第　号

| 附件 18 张 | 2017年12月15日 | 对方科目编号 | |

用款
事项：报销出租车票

　　　　　　　　　　　　　　　现金付讫

人民币
（大写）：贰佰伍拾元整　　　　　￥250.00

交款人	主管	会计	出纳员
马俊	人员：吴珍	人员：许建国	付讫 罗方
（签章）	（签章）	（签章）	（签章）

表1-7-17（2/2）

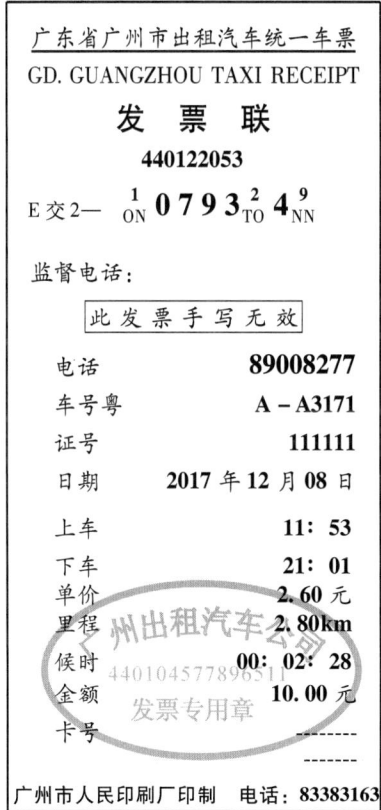
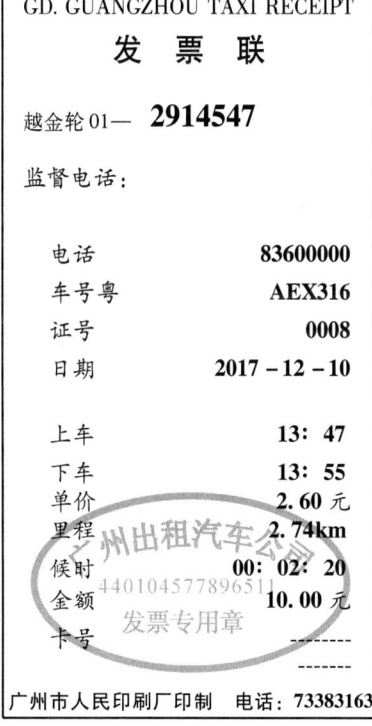

其余发票略。

(17) 18日，广告费2万元（支票），见表1-7-18。

表 1-7-18（1/2）

广东增值税普通发票
发票联

No 1111558

开票日期：2017 年 12 月 18 日

购货单位	名　　　称：广州燕塘乳业有限责任公司 纳税人识别号：440102312561912054 地　址、电　话：广州天河区燕岭路 182 号 开户行及账号：工行燕岭路支行 0142-0316-8432	密码区	（略）

货物或应税劳务名称	规格型号	单位	数量	单价	金　额	税率	税　额
广告					19 417.48	3%	582.52
合计					19 417.48		582.52

价税合计（大写）	贰万元整	（小写）¥20 000.00

销货单位	名　　　称：广州日报社 纳税人识别号：440104958457698215 地　址、电　话：广州市人民路 778 号 开户行及账号：工行人民路支行 45818444	备注	

收款人：张志　　　复核：　　　开票人：黄杰　　　销货单位：（章）

第二联：发票联　购货方记账凭证

表 1-7-18（2/2）

中国工商银行 转账支票存根	中国工商银行转账支票

支票号码 No.　　　　　　　　　　　　　　支票号码 No.

附加信息　　　　　　　　出票日期（大写）　　年　月　日　　付款行名称：
　　　　　　　　　　　　收款人：　　　　　　　　　　　　　　出票人账号：

出票日期　　年　　月　　日

	人民币 （大写）	亿	千	百	十	万	千	百	十	元	角	分
本支票付款期限十天												

收款人：
金额：
用途：

用途：
上列款项请从
我账户内支付
出票人签章

复核　　　记账

单位主管：　　　会计：

(18) 19日，收到佛山玫瑰商场账款，见表1-7-19。

表1-7-19

托 收 凭 证（汇款依据或收款通知） 4

委托日期 2017 年 12 月 10 日　　付款期限 2017 年 12 月 19 日

业务类型		委托收款（□邮划 □电划）		托收承付（□邮划 □电划）			
付款人	全　称	佛山玫瑰商场	收款人	全　称	广州燕塘乳业有限责任公司		
	账　号	0492-9837-4271		账　号	0142-0316-8432		
	开户银行	工行中华路支行		开户银行	工行燕岭路支行		
托收金额	人民币（大写）	柒万陆仟伍佰伍拾元整			千百十万千百十元角分 ¥7 6 5 5 0 0 0		
款项内容		货款	托收凭据名称、运单		托收承付	附寄单证张数	3张
商品发运情况		已发运			合同名称号码		7491
备注：			上列款项已划回收入你方账户内 收款人开户银行签章 年 月 日				
		复核　　记账					

（中国工商银行佛山分行 中华路支行 2017.12.10 (21)）

(19) 20日，向希望工程捐款2万元（支票），见表1-7-20。

表1-7-20（1/2）

广东省行政事业单位非经营收入发票
发 票 联

粤地（99122）
No.6196758

顾客名称及地址：广州燕塘乳业有限责任公司　　　　　　2017 年 12 月 20 日填发

项　目	单位	数量	收费标准	金　额								备注
				超过拾万元无效	万	千	百	十	元	角	分	
捐款					2	0	0	0	0	0	0	
合计人民币（大写）	贰万零仟零佰零拾零元零角零分				2	0	0	0	0	0	0	

开票人：江小红　　　　收款人：林梅　　　　开票单位及地址：（盖章）

表 1-7-20（2/2）

| 中国工商银行转账支票存根 | 中国工商银行转账支票 |

中国工商银行转账支票存根
支票号码 No.
附加信息 _____
出票日期　年　月　日
收款人：
金额：
用途：
单位主管：　会计：

支票号码 No.
中国工商银行转账支票
出票日期（大写）　年　月　日　付款行名称：
收款人：　　　　　　　　　　　　出票人账号：

本支票付款期限十天

人民币（大写）　　　亿千百十万千百十元角分

用途：_____
上列款项请从　　　复核　　记账
我账户内支付
出票人签章

(20) 21 日，向梅州市好又多商场销售高钙低脂奶 1 000 箱，每箱 45 元，价款 45 000 元，增值税 7 650 元；纯牛奶 1 000 箱，每箱 40 元，价款 4 万元，增值税 6 800 元，收商业承兑汇票（期限 3 个月），见表 1-7-21。

表 1-7-21（1/3）　　广东增值税专用发票　　No 02548246
此联不作报销、扣税凭证使用　　开票日期：2017 年 12 月 21 日

购货单位	名　　　称：梅州市好又多商场 纳税人识别号：440503764898341773 地址、电话：梅州市三华路 135 号 开户行及账号：工行三华路支行 5012-5361-2517	密码区	3<>20-3+8+7<+5-2+487<加密版本号： 4>+6059/3477626-/-+/8>　23 1<12/5<1++/28220*49/0　3240023220 6>5<24->>3*05/>>92　07881134

货物或应税劳务名称	规格型号	单位	数　量	单　价	金　　额	税率	税　　额
高钙低脂奶	250 毫升	箱	1 000	45	45 000.00	17%	7 650.00
纯牛奶	250 毫升	箱	1 000	40	40 000.00	17%	6 800.00
合　　计					85 000.00		14 450.00

价税合计（大写）	玖万玖仟肆佰伍拾元整	（小写）¥99 450.00

销货单位	名　　　称：广州燕塘乳业有限责任公司 纳税人识别号：4401023125619120154 地址、电话：广州天河区燕岭路 182 号 开户行及账号：工行燕岭路支行 0142-0316-8432	备注

收款人：罗方　　复核：吴珍　　开票人：许建国　　销货单位：（章）

表1-7-21（2/3）

出 库 单

提货部门：　　　　　　　　　　年 月 日　　　　　　　　　　No 0067149

产品			单位	数量	单价	成本总额								产品明细账		说明
编号	名称	规格				万	千	百	十	元	角	分		页	号	

第三联：记账

部门主管　　　　会计　　　　记账　　　　保管　　　　提货人　　　　制单

表1-7-21（3/3）

商业承兑汇票（存根） 3

出票日期　贰零壹柒年壹拾贰月贰拾壹日　　　　　汇票号码：3229
（大写）

付款人	全称	梅州市好又多商场	收款人	全称	广州燕塘乳业有限责任公司
	账号	5012-5361-2517		账号	0142-0316-8432
	开户银行	工行梅州市三华路支行		开户银行	工行广州市燕岭路支行

出票金额	人民币（大写）	玖万玖仟肆佰伍拾元整	千百十万千百十元角分 ¥9 9 4 5 0 0 0

汇票到期日（大写）	贰零壹捌年零叁月贰拾壹日	付款人开户行	账号
			地址

交易合同号：03115

备注：

中国工商银行梅州分行
三华路支行
2017.12.21
(21)

出票人签章

（21）25日，向湛江大兴商场销售高钙低脂奶2 000箱，每箱45元，价款9万元，增值税15 300元；纯牛奶2 000箱，每箱40元，价款8万元，增值税13 600元，另代垫运费700元（现金），收银行承兑汇票（面值198 900元，期限两个月），见表1-7-22。

表1-7-22（1/6）

广东增值税专用发票

No 02548247

此联不作报销、扣税凭证使用　　开票日期：2017年12月25日

购货单位	名　　称：湛江大兴商场 纳税人识别号：440603433107282338 地址、电话：湛江市霞光路35号 开户行及账号：工行霞光路支行2093-3546-2173	密码区	3<>20-3+8+7<+5-2+487<加密版本号： 4>+6059/3477626-/-+/8>23 1<12/5<1++/28220*49/0　3240023220 6>5<24->>3*05/>>92　07881134

货物或应税劳务名称	规格型号	单位	数　量	单　价	金　额	税率	税　额
高钙低脂奶	250毫升	箱	2 000	45	90 000.00	17%	15 300.00
纯牛奶	250毫升	箱	2 000	40	80 000.00	17%	13 600.00
合　　计					170 000.00		28 900.00

价税合计（大写）	壹拾玖万捌仟玖佰元整	（小写）¥198 900.00

销货单位	名　　称：广州燕塘乳业有限责任公司 纳税人识别号：4401023125619912054 地址、电话：广州天河区燕岭路182 开户行及账号：工行燕岭路支行0142-0316-8432	备注

收款人：罗方　　复核：吴珍　　开票人：许建国　　销货单位（章）

第一联：记账联　销货方记账凭证

表1-7-22（2/6）

广州增值税专用发票
发票联

No 1128992

开票日期：2017年12月25日

购货单位	名　　称：湛江大兴商场 纳税人识别号：440603433107282317 地址、电话：湛江市霞光路35号 开户行及账号：工行霞光路支行2093-3546-2173	密码区	（略）

货物或应税劳务名称	规格型号	单位	数　量	单　价	金　额	税率	税　额
运费					630.63	11%	69.37
合　　计					630.63		69.37

价税合计（大写）	柒佰元整	（小写）¥700.00

销货单位	名　　称：广州顺风运输有限公司 纳税人识别号：440104289780120544 地址、电话：广州市燕岭路753号 开户行及账号：工行燕岭路支行 3602091501018976894	备注	

收款人：张强　　复核：　　开票人：赵明明　　销货单位（章）

第二联：发票联　购货方记账凭证

表1-7-22（3/6）

现金支出凭单

第　号

附件 1 张　　2017年12月25日

对方科目编号	

用款
事　项：代垫运费

人民币
（大写）柒佰元整　　　　　　　￥700.00

（现金付讫）

收款人	主管	会计	出纳员
	人员：吴珍	人员：许建国	付讫 罗方
（签章）	（签章）	（签章）	（签章）

表1-7-22（4/6）

出 库 单

提货部门：　　　　　　　　　年　月　日　　　　　No. 0067147

产品			单位	数量	单价	成本总额							产品明细账		说明
编号	名称	规格				万	千	百	十	元	角	分	页	号	

第三联：记账

部门主管　　　会计　　　记账　　　保管　　　提货人　　　制单

表1-7-22（5/6）

银行承兑汇票　　（存根）2

出票日期贰零壹柒年　壹拾贰月贰拾伍日　　　汇票号码：2320
（大写）

付款人	全　称	湛江市大兴商场	收款人	全　称	广州燕塘乳业有限责任公司
	账　号	2093-3546-2173		账　号	0142-0316-8432
	开户银行	湛江市工行霞光路支行		开户银行	广州市工行燕岭路支行

出票金额	人民币（大写）壹拾玖万玖仟陆佰元整	千百十万千百十元角分 ￥1 9 9 6 0 0 0 0

汇票到期日（大写）	贰零壹捌年零叁月贰拾壹日	付款人开户行	账号 地址

承兑协议编号：359

中国工商银行湛江分行
霞光路支行
2017.12.25
(21)

本汇票已经承兑，到期由本行付款。

本汇票请你行承兑，到期无条件付款。	承兑行签章	复核　　记账
出票人签章	承兑日期　年　月　日	

表 1-7-22(6/6)

银 行 承 兑 协 议　　　1

编号：*359*

银行承兑汇票的内容：

出票人全称：*湛江市大兴商场*　　收款人全称：*广州燕塘乳业有限责任公司*
开户银行：*湛江市工行霞光路支行*　　开户银行：*武汉市建行江汉路支行*
账　　号：*2093-3546-2173*　　账　　号：*0142-0316-8432*
汇票号码：*2320*　　汇票金额(大写)：*壹拾玖万玖仟陆佰元整*
出票日期：*2017 年 12 月 25 日*　　到期日期：*2018 年 2 月 25 日*

以上汇票经银行承兑，出票人愿遵守《支付结算办法》的规定及以下列条款：

一、出票人于汇票到期日前将应付票款足额承兑银行。
二、承兑手续费按票面金额千分之( )计算，在银行承兑时一次付清。
三、出票人与持票人如发生任何交易纠纷，均由其双方自行处理，票款于到期前仍按第一条办理不误。
四、承兑汇票到期日，承兑银行凭票无条件支付票款。如到期日之前出票人不能足额交付票款时，承兑银行对不足支付部分的票款作出票申请人逾期贷款，并按照有关规定计收罚息。
五、承兑汇票款付清后，本协议自动失效。

承兑银行签章　2017.12.25　　　　　　　　出票人签章

订立承兑协议日期 *2017* 年 *12* 月 *25* 日

(22) 29 日，收到投资单位深圳大华乳业股份有限公司分来利润 5 万元(已纳 25% 的所得税)，见表 1-7-23。

表 1-7-23

中国工商银行信汇凭证(收账通知)　　4

委托日期 2017 年 12 月 29 日

汇款人	全称	深圳大华乳业股份有限公司			收款人	全称	广州燕塘乳业有限责任公司		
	账号或住址	0527-3546-1620				账号或住址	0142-0316-8432		
	汇出地点	深圳市	汇出行全称	工商银行南山支行		汇入地点	广州市	汇入行全称	工行燕岭路支行
金额	人民币(大写)	伍万元整					百 十 万 千 百 十 元 角 分 ￥ 5 0 0 0 0 0 0 0		
款项已汇入收款人账户					支付密码				
					附加信息及用途：投资利润				
汇入行签章							复核　　记账		

此联给收款人的收账通知

(23) 31日,计提销售产品应交的城市维护建设税、应交教育费附加(为简化核算,销售材料应交的税金一并计算,假设本月进项税额为8万元),见表1-7-24。

表1-7-24　教育费附加及城市维护建设税计算表

2017年12月31日

	项　目	金　额(元)	备　注
1	本月销项税额		
2	本月进项税额	80 000	
3	本月应交增值税		
4	计税依据(3)		
5	本月应交城市维护建设税(7%)		
6	本月应交教育费附加(3%)		

制表:许建国　　　　　　　　　　　　　　　　　　　　　　　审核:吴珍

(24) 12月31日,结转销售产品成本(高钙低脂牛奶每箱成本为35元,纯牛奶每箱为32元),见表1-7-25。

表1-7-25　销售产品成本计算表

2017年12月31日　　　　　　　　　　　　　　　　　　　金额:元

产品名称	销售数量	单位成本	销售总成本

制表:许建国　　　　　　　　　　　　　　　　　　　　　　　审核:吴珍

(25) 31日,结转1—12月损益类账户贷方余额,见表1-7-26。

表1-7-26　内部转账单

2017年12月31日　　　　　　　　　　　　　　　　　　　金额:元

应借科目	应贷科目	金　额	备　注

制表:许建国　　　　　　　　　　　　　　　　　　　　　　　审核:吴珍

(26) 结转1—12月损益类账户借方余额,见表1-7-27。

表1-7-27　　　　　　　内 部 转 账 单

2017年12月31日　　　　　　　　　　　　　　　　　　　　　金额:元

应借科目	应贷科目	金　　额	备　　注

制表:许建国　　　　　　　　　　　　　　　　　　　　　　　审核:吴珍

(27) 计算12月所得税并结转全年所得税(假设所得税税率为25%,1—11月没有调整项目),见表1-7-28。

表1-7-28(1/2)　　　企 业 所 得 税 计 算 表

年　月　日至　月　日　　　　　　　　　　　　　　　　　单位:元

项　　　目	行　数	本月数
一、主营业务收入	1	
减:主营业务成本	4	
税金及附加	5	
二、主营业务利润	10	
加:其他业务利润(亏损以"-"号填列)	11	
销售费用	14	
管理费用	15	
财务费用	16	
三、营业利润(亏损以"-"号填列)	18	
加:投资收益(损失以"-"号填列)	19	
营业外收入	23	
减:营业外支出	25	
四、利润总额(亏损总额以"-"号填列)	27	
加:纳税调整增加额	28	+2 000.00
减:纳税调整减少额	29	-50 000.00
五、应纳税所得额	30	
适用税率	31	
六、应纳所得税额	32	

会计主管:　　　　审核:吴珍　　　　制表人:许建国

表1-7-28(2/2)　　　　　　内 部 转 账 单

2017年12月31日　　　　　　　　　　　　　　　　　　　　　金额:元

应借科目	应贷科目	金　　额	备　　注

制表:许建国　　　　　　　　　　　　　　　　　　　　　　　审核:吴珍

(28) 结转本年净利润,见表1-7-29。

表1-7-29 　　　　　　　　　**内 部 转 账 单**

2017年12月31日　　　　　　　　　　　　　　　　　　　金额:元

应借科目	应贷科目	金额	备注

制表:许建国　　　　　　　　　　　　　　　　　　　　　　审核:吴珍

(29) 按本年净利润的10%计提法定盈余公积,向投资者分配利润60%。见表1-7-30。

表1-7-30 　　　　　　　　　**利润分配计算表**

2017年12月31日　　　　　　　　　　　　　　　　　　　金额:元

全年税后净利润	法定盈余公积10%	分配利润60%	合计

制表:许建国　　　　　　　　　　　　　　　　　　　　　　审核:吴珍

(30) 结转利润分配明细账,见表1-7-31。

表1-7-31 　　　　　　　　　**内 部 转 账 单**

2017年12月31日

应借科目	应贷科目	金额	备注

制表:　　　　　　　　　　　　　　　　　　　　　　　　审核:

实训八 会计报告岗位实训

一、实训目的

1. 了解会计报表岗位的职责。
2. 了解会计报表资料对不同的报表使用者具有的作用。
3. 掌握资产负债表、损益表的编制方法。
4. 能够利用会计报表的资料进行简要的报表分析。

二、实训要求

1. 根据上述资料编制 2017 年 12 月 31 日的资产负债表和利润表。
2. 根据上述报表进行简要分析和评价。
3. 实习用纸：资产负债表 1 页，利润表 1 页。

三、实训资料

1. 广州市东江机械股份有限公司 2017 年初和年末有关账户余额见表 1-8-1。

表 1-8-1

科　目	年初借方余额	年末借方余额
库存现金	2 705.20	2 564.00
银行存款	400 440.00	1 522 800.00
应收票据	237 460.00	425 256.00
应收账款	1 515 750.00	1 073 010.00
预付账款	211 500.00	179 300.00
其他应收款	212 564.80	218 320.00
原材料	1 078 650.00	2 147 960.00
周转材料	49 350.00	26 100.00
材料采购	64 860.00	330 786.80
生产成本	394 800.00	310 200.00
自制半成品	733 200.00	827 670.00
库存商品	606 300.00	465 300.00
持有至到期投资	3 525 000.00	2 352 653.20
固定资产	4 004 400.00	4 230 600.00

续表

科 目	年初借方余额	年末借方余额
在建工程	272 130.00	21 150.00
无形资产	191 054.80	177 070.00
长期待摊费用	126 195.20	115 620.00
合计	13 626 360.00	14 426 360.00
坏账准备	7 578.80	5 365.20
累计折旧	544 260.00	804 888.80
短期借款	846 000.00	1 128 000.00
应付票据	256 620.00	321 480.00
应付账款	338 400.00	352 500.00
预收账款	33 662.80	29 846.00
应付职工薪酬	154 288.40	202 506.00
应交税费	105 750.00	128 310.00
应付利润	48 000.00	60 000.00
其他应付款	250 610.00	296 174.00
长期借款	3 925 000.00	3 902 000.00
长期应付款	6 276 000.00	618 700.00
实收资本	432 200.00	6 063 000.00
盈余公积	242 990.00	384 110.00
利润分配	165 000.00	129 480.00
合 计	13 626 360.00	14 426 360.00

假定上述长期资产和长期负债中均无一年到期的资产和负债。

2. 2016 年、2017 年有关损益类账户数据如表 1-8-2 所示。

表 1-8-2

科 目	2016 年	2017 年
主营业务收入	7 233 300.00	6 866 700.00
主营业务成本	4 731 960.00	4 794 000.00
税金及附加	473 100.00	424 650.00
销售费用	392 500.00	338 400.00
其他业务收入	305 800.00	147 880.00
其他业务成本	235 300.00	90 070.00
管理费用	255 702.00	290 956.00
财务费用	282 248.00	310 224.00
投资收益	50 280.00	65 380.00
营业外收入	372 515.00	253 800.00
营业外支出	212 405.00	239 703.00
所得税费用	551 674.00	432 184.00

第二单元

企业会计综合模拟实训

实训一　工业企业会计综合实训

一、实训目的

通过对制造业生产经营活动中所发生的经济业务的会计处理，使学生认识工业企业供应、生产、销售各环节发生经济业务所涉及的原始凭证，在掌握填制、运用、识别和审核原始凭证的能力的同时，掌握编制记账凭证、登记账簿、成本计算、编制会计报表等会计核算程序、方法和基本技能，从而培养学生具备处理中小企业会计核算全过程的实际操作技术和能力。

二、实训资料

（一）模拟实训企业基本资料

吉林省红钻汽车电器股份有限公司是一家为汽车制造企业配套生产零部件的小型股份有限公司。该企业为一般纳税人，主要产品为汽车电动玻璃重升降器、组合开关。企业设有一个基本生产车间（机加工车间），产品成本计算采用品种法，完工产品和在产品之间采用约当产量法进行费用分配。另设一辅助生产车间（机修车间），其发生的费用按修理工时采用直接法分配。材料按实际成本核算，发出材料的计价采用全月一次加权平均法；领用周转材料采用一次摊销法；包装物随同产品销售，不单独计价。库存商品发出采用先进先出法。

（二）模拟实训企业会计相关资料

1. 红钻汽车电器股份有限公司 2017 年 12 月 1 日有关总账及明细账余额，见表 2-1-1 至表 2-1-5。

表 2-1-1

总账科目	明细科目	借方金额		贷方金额	
		总账金额	明细账金额	总账金额	明细账金额
库存现金		11 406.22			
	现金日记账		11 406.22		
银行存款		796 018.79			
	银行存款日记账		796 018.79		
应收账款		4 715 817.90			
	一汽集团采购部		2 350 000.00		
	一汽集团青岛汽车厂		2 345 817.90		
	湖北长陵汽车改装厂		20 000.00		
坏账准备				23 579.09	

续表

总账科目	明细科目	借方金额 总账金额	借方金额 明细账金额	贷方金额 总账金额	贷方金额 明细账金额
其他应收款		44 421.21			
	水电费		1 580.00		
	托儿费		710.00		
	市运输公司		42 131.21		
原材料		400 599.90			
	原料及主要材料		110 200.00		
	外协件		281 200.00		
	修理用备件		6 300.00		
	辅助材料		2 899.90		
库存商品		7 202 000.00			
	BX618		3 380 000.00		
	JK308		3 822 000.00		
周转材料		218 948.99			
	包装箱		110 908.99		
	低值易耗品				
待摊费用		55 997.14			
	保险费		55 195.00		
	报刊杂志费		802.14		
固定资产		9 136 761.00			
	生产用固定资产		6 321 568.00		
	非生产用固定资产		2 815 193.00		
累计折旧				1 318 050.00	
在建工程		735 105.66			
	技术改造工程		735 105.66		
无形资产		981 996.02			
	土地使用权		981 996.02		
短期借款				986 444.00	
应付账款				4 745 087.30	
	贵航万江机电厂				4 000 000.00
	山东省诸城四达				700 000.00
	长春薄板厂景兴物资经销处				45 087.30
应付职工薪酬				218 851.10	
应交税费		31 073.84			
	未交增值税				188 440.84
	应交增值税		96 064.68		
	应交所得税		123 450.00		
				46 346.16	
	应交教育费附加				46 346.16
其他应付款				97 094.65	
	存入保证金				97 094.65
应付利息				65 897.65	
	预提借款利息				65 897.65
长期借款				7 380 000.00	
股本				9 121 836.00	
盈余公积				82 320.24	
	法定盈余公积				41 160.12
	任意盈余公积金				41 160.12
利润分配				244 640.48	
	未分配利润				244 640.48

注：1—11月份的利润总额240 000元已转入"利润分配"科目。

表 2-1-2　　**原材料明细账期初余额**

明细账户及材料品名	规　格	计量单位	结存数量	单　价	金　额
原料及主要材料					
冷轧板	2.0	千克	7 000	4.00	28 000.00
紫铜板	0.3	千克	4 500	5.00	22 500.00
铁　线	Φ2.0	米	4 300	4.00	17 200.00
铜芯聚氯乙烯	Φ0.5	米	5 000	0.50	2 500.00
钢　板	1.5	千克	10 000	4.00	40 000.00
外购件					
电　机	618	件	2 000	130.00	260 000.00
滑轮轴	618	件	4 000	3.00	12 000.00
滚　筒	618	个	100	2.00	200.00
开关按键	308	套	3 000	1.00	3 000.00
开关壳体	308	个	3 000	2.00	6 000.00
辅助材料					
螺　母	1 306.174	个	6 630	0.23	1 524.90
自攻钉	3×12	个	5 000	0.015	75.00
护　套	140	个	10 000	0.13	1 300.00
修理用备件					
轴　承	Φ25	个	10	230.00	2 300.00
钻　头	Φ10	个	10	400.00	4 000.00

表 2-1-3　　**库存商品明细账期初余额**

产品名称	计量单位	结存数量	单位成本	金额
BX618 电动玻璃升降器	只	13 000	260.00	3 380 000.00
JK308 组合开关	只	39 000	98.00	3 822 000.00

表 2-1-4　　**周转材料明细账期初余额**

明细账户	规格型号	计量单位	结存数量	单　价	金　额
专用工具	K152	套	200	540.20	108 040.00
包装箱	大	个	2 537	24.77	62 841.49
	小	个	3 315	14.50	48 067.50

表 2-1-5　　**2017 年 12 月份产量及工时消耗记录**

项　目	BX618 电动玻璃升降器	JK308 组合开关
本月投产	2 000	2 500
本月完工	1 800	2 500
月末在产品	200	—
完工程度（投料、加工）	50%	—
生产工时消耗	57 000	60 000

2. 红钻汽车电器股份有限公司2017年12月份发生下列经济业务并取得相关原始凭证如下（见表2-1-6至表2-1-58）：

表2-1-6（1/2）

吉林增值税专用发票

No 00071975

发 票 联

开票日期：2017年11月29日

名　　称：吉林省红钻汽车电器股份有限公司 纳税人识别号：220801702428100898 地　址、电话：白城市新华西大路2号 3322500 开户行及账号：工商银行靖安支行 21402490104300	密码区	（略）			
货物或应税劳务名称	规格型号	单位	数量	单价	金　额	税率	税　额

货物或应税劳务名称	规格型号	单位	数量	单价	金　额	税率	税　额
螺母	1 306.174	个	903 500	0.213675	193 055.56	17%	32 819.44
螺母	1 306.174	个	104 000	0.213675	22 222.22	17%	3 777.78
合　　计					¥ 215 277.78		¥ 36 597.22
价税合计（大写）	⊗贰拾伍万壹仟捌佰柒拾伍元整				（小写）¥ 251 875.00		

名　　称：中国第一汽车集团进出口公司 纳税人识别号：220106123911500353 地　址、电话：长春市东风大街99号 0431-5905400 开户行及账号：中国银行一汽支行 0180900800	备注

收款人：　　　复核：　　　开票人：马桂红　　　销货单位：（章）

表2-1-6（2/2）

入 库 单

2017年12月1日　　字第＿＿＿＿号

品　名	规　格	单位	数　量	单　价	金　额	备注
螺母	1 366.174	个	1 007 500	0.213675	215 277.78	

红钻有限公司　　负责人：李桂荣　　进货经手人：李红波

表 2-1-7（1/2）

贵州增值税专用发票　　№ 00014058

发 票 联　　开票日期：2017 年 11 月 29 日

名　　　称：	吉林省红铅汽车电器股份有限公司	密码区	（略）
纳税人识别号：	220801702428100898		
地　址、电话：	白城市新华西大路2号 0436-3322500		
开户行及账号：	中国工商银行靖安支行		

货物或应税劳务名称	规格型号	单位	数　量	单　价	金　额	税率	税　额
电动升降器电机		件	2 000	130	260 000.00	17%	44 200.00
电动升降器电机		件	1 500	130	195 000.00	17%	33 150.00
电动升降器电机		件	1 000	130	130 000.00	17%	22 100.00
电动升降器电机		件	1 000	130	130 000.00	17%	22 100.00
（电机配件）		件	5 500	1.068376	5 876.07	17%	998.93
合　　计					¥ 720 876.07		¥ 122 548.93
价税合计（大写）	捌拾肆万叁仟肆佰贰拾伍元整				（小写）¥ 843 425.00		

名　　　称：	中国贵航集团万江机电厂	备注	
纳税人识别号：	520112214600007819		
地　址、电话：	贵阳市高新技术开发区24-8号 6303300		
开户行及账号：	工行贵阳市红星路支行 00903500800		

收款人：　　　　复核：　　　　开票人：　　　　销货单位：（章）

第三联：发票联　购货方记账凭证

表 2-1-7（2/2）

入　库　单

2017 年 12 月 2 日　　字第_____号

品　名	规　格	单位	数　量	单　价	金　额	备注
升降器电机	618	件	5 500	131.068376	720 876.07	

红钻有限公司　　负责人：李桂荣　　进货经手人：李红波

第二联：财务

表 2-1-8（1/3）

吉林增值税专用发票　　No 00367129

发　票　联　　　开票日期：2017 年 12 月 1 日

名　　称：吉林省红钻汽车电器股份有限公司 纳税人识别号：220801702428100898 地　址、电　话：白城市新华西大路 2 号 3322500 开户行及账号：工商银行靖安支行 21402490104300	密码区	（略）

货物或应税劳务名称	规格型号	单位	数　量	单　价	金　额	税率	税　额
冷板	0.8	吨	2.01	3 709.401709	7 455.90	17%	1 267.50
	1.0	吨	1.884	3 547.008547	6 682.56	17%	1 136.04
	08AL2.0	吨	1.319	3 760.683761	4 960.34	17%	843.26
合　　计					¥ 19 098.80		¥ 3 246.80
价税合计（大写）	⊗ 贰万贰仟叁佰肆拾伍圆陆角整				（小写）¥ 22 345.60		

名　　称：长春市薄板厂景兴物资经销处 纳税人识别号：220102124059600232 地　址、电　话：南关区景兴北街 16 号 2867600 开户行及账号：支行东大桥支行 640-20120053-04	备注	

收款人：邵守伟　　复核：　　开票人：王淑学　　销货单位：（章）

第三联：发票联　购货方记账凭证

表 2-1-8（2/3）

中国工商银行 电汇凭证（回单）　　1

□普通　□加急　　委托日期 2017 年 12 月 2 日

汇款人	全　称	吉林省红钻汽车电器股份有限公司	收款人	全　称	长春市薄板厂景兴物资经销处
	账号或住址	21402490104300		账号或住址	649-20120053-00
	汇出地点	吉林省白城市	汇出行全称	市工商行靖安支行	汇入地点	吉林省长春市	汇入行全称	工商银行东大桥支行

金额	人民币（大写）	贰万贰仟叁佰肆拾伍元陆角整	百	十	万	千	百	十	元	角	分
					¥	2	2	3	4	5	6	0

款项已汇入收款人账户　　　　支付密码

　　　　　　　　　　　　　　附加信息及用途
　　　汇入行签章
　　　　　　　　　　　　　　复核　　　记账

此联汇出行给付款人的回单

表 2-1-8 (3/3)

入 库 单

2017 年 12 月 2 日　　字第_____号

品　名	规　格	单位	数　量	单　价	金　额	备注
冷轧板	0.8	吨	2.01	3 709.401709	7 455.90	
冷轧板	1.0	吨	1.884	3 547.008547	6 682.56	
冷轧板	2.0	吨	1.319	3 760.683761	4 960.34	

红钻有限公司　　负责人：李桂荣　　进货经手人：李红波

第二联：财务

表 2-1-9

借　据

2017 年 12 月 3 日

原始凭证编号
借方：
贷方：

人民币捌佰元整

上款系赴长春出差　　　　　￥800.00

领收人：董云波

现金付讫

负　责	姜开元	会　计	赵彩月	出　纳	陈可	复　核		经手人	

表 2-1-10

靖安支行

计付贷款利息（付款通知）②

No. 10

账号 21402490104300			2017 年 12 月 4 日
名　称	红钻汽车电器股份有限公司		
日　期	2017.11.04—2017.12.04		
行　号	计 息 总 积 数	利率	利息金额
2019	521 400 000.00	6.10500‰	106 104.90

中国工商银行白城市靖安支行
2017.12.4
转讫(2)

（银行盖章）

表2-1-11（1/2）

吉林增值税普通发票

No 45896045

开票日期：2017年12月5日

购货单位	名　　　称：吉林省红钻汽车电器股份有限公司 纳税人识别号：220801702428100898 地址、电话：白城市新华西路2号 开户行及账号：工行靖安支行 1402490104300	密码区	（略）

货物或应税劳务名称	规格型号	单位	数量	单价	金　额	税率	税　额
产品介绍					24 271.84	3%	728.16
			2 000				
合　计					24 271.84		728.16

价税合计（大写）	贰万伍仟元整	（小写）￥25 000.00

销货单位	名　　　称：白城林海广告集团有限责任公司 纳税人识别号：220801702479687277 地址、电话：白城市新华路259号 开户行及账号：工行靖安支行 1402490104936	备注	220801702479687277 发票专用章

收款人：田心　　复核：　　开票人：张喜园　　销货单位（章）

第二联：发票联　购货方记账凭证

表2-1-11（2/2）

中国工商银行　（吉）
转账支票存根
XII 03821018

附加信息＿＿＿＿＿＿＿
＿＿＿＿＿＿＿＿＿＿＿
＿＿＿＿＿＿＿＿＿＿＿

出票日期2017年12月5日

| 收款人：林海广告集团 |
| 金　额：25 000.00 |
| 用　途：购产品介绍册 |

单位主管：杨修　会计：王文

表2-1-12（1/3）

吉林增值税专用发票

No. 45896090

发 票 联

开票日期：2017年12月6日

购货单位	名　　　称：吉林省红钻汽车电器股份有限公司 纳税人识别号：220801702428100898 地址、电话：白城市新华西路2号 开户行及账号：工行靖安支行1402490104300	密码区	（略）

货物或应税劳务名称	规格型号	单位	数量	单价	金额	税率	税额
笔记本电脑	联想	台	1	9 850.00	9 850.00	17%	1 674.50
合计					9 850.00		1 674.50

价税合计（大写）	壹万壹仟伍佰贰拾肆元伍角零分	（小写）¥ 11 524.50

销货单位	名　　　称：长春市长江电子办公设备有限公司 纳税人识别号：220164123166500225 地址、电话：白城市人民广场 0431-6234276 开户行及账号：工行人民广场支行64326500	备注	

销货单位：（章）　　　收款人：　　　复核：　　　开票人：王晓玲

第三联：发票联 购货方记账凭证

表2-1-12（2/3）

中国工商银行电汇凭证（回单）

□普通　□加急　　委托日期　2017年12月6日

汇款人	全　称	吉林省红钻汽车电器股份有限公司	收款人	全　称	长春市长江电子办公设备有限公司
	账号或住址	21402490104300		账号或住址	64326500
	汇出地点	吉林省白城市	汇出行全称	工商银行靖安支行		汇入地点	吉林省长春市	汇入行全称	工商银行人民广场支行

金额	人民币（大写）	壹万壹仟伍佰贰拾肆元伍角整	百	十	万	千	百	十	元	角	分
				¥	1	1	5	2	4	5	0

款项已汇入收款人账户

中国工商银行
人民广场支行
2017.12.6

汇入行签章

支付密码

附加信息及用途

复核　　　记账

此联汇出行给付款人的回单

表2-1-12（3/3）

固定资产验收交接单

2017年12月6日

保管使用单位：财务科

固定资产名称	型号规格	计量单位	数量	金　额	制造商
笔记本电脑		台	1	9 850.00	长春市长江电子办公设备有限公司
到货日期	2017.12.6	可使用年限	5年	固定资产管理部门意见	
财会部门参加验收意见	同意接收 2017.12.6			使用（保管）验收签证	王红

表2-1-13（1/3）　　　**辽宁增值税专用发票**　　　N？00983175

开票日期：2017年12月6日　　　　**发　票　联**

第三联：发票联　购货方记账凭证

购货单位	名　　称：吉林省红钻汽车电器股份有限公司 纳税人识别号：220801702428100898 地　址、电话：白城市新华西路2号 开户行及账号：工行靖安支行 1402490104300	密码区	（略）

货物或应税劳务名称	规格型号	单位	数量	单价	金额	税率	税额
开关按键		套	30 000	2.5641	76 923.08	17%	13 076.92
合计					76 923.08		13 076.92
价税合计（大写）	玖万元整				（小写）¥90 000.00		

销货单位	名　　称：丹东市珍珠汽车电器厂 纳税人识别号：210604112026500 0756 地　址、电话：丹东市振安区珍珠街282号 码4143900 开户行及账号：农信鸭绿江支行 201162500	备注	

销货单位：（章）　　收款人：　　复核：　　　　　　　　　开票人：姜艳

表2-1-13（2/3）　　　**检验结果通知单**　　　G011001A-96

单位：丹东珍珠电器厂

货号	Jk921	验收依据	图纸	批号	001220
名称		抽检数	200	批量	
JK921外壳：30 000个 定接触座乙：30 000个 动接触座：30 000个 定接触座甲：30 000个 按　　键：30 000个				符合图纸技术要求	
检验结果	合格	检查员	杨静彬	日期	2017.12.6

表 2-1-13（3/3）

入 库 单

2017 年 12 月 6 日　　　　　　　字第_____号

品　名	规　格	单位	数　量	单　价	金　额	备注
开关按键	308	件	30 000	2.56410	76 923.08	

红钻有限公司　　负责人：李桂荣　　　　进货经手人：李红波

二联：财务

表 2-1-14（1/11）

领 料 单

吉林省红钻汽车电器股份有限公司　　　　　　　　　　　2017 年 12 月 6 日

领料车间	机加					用途	JK308 接线柱甲		
材料名称	规　格	单　位	数　量	单　价	金　额	备　注			
冷板	2.0	kg	8 350						

审批人：李立　　　　　　　　　　　　　　　　　　　领料员：潘杰

四联：财务

表 2-1-14（2/11）

领 料 单

吉林省红钻汽车电器股份有限公司　　　　　　　　　　　2017 年 12 月 6 日

领料车间	机加					用途	BX618 支架		
材料名称	规　格	单　位	数　量	单　价	金　额	备　注			
紫铜板	0.3	kg	367						

审批人：李立　　　　　　　　　　　　　　　　　　　领料员：潘杰

四联：财务

表 2-1-14（3/11）

领 料 单

吉林省红钻汽车电器股份有限公司　　　　　　　　　　　2017 年 12 月 6 日

领料车间	机加					用途	BX618 基座 10150		
材料名称	规　格	单　位	数　量	单　价	金　额	备　注			
钢板	1.5	kg	964						

审批人：李立　　　　　　　　　　　　　　　　　　　领料员：潘杰

四联：财务

表 2-1-14（4/11）

领 料 单

吉林省红钻汽车电器股份有限公司　　　　　　　　　　　2017 年 12 月 6 日

领料车间	机加					用途	JK308 固定杆		
材料名称	规　格	单　位	数　量	单　价	金　额	备　注			
铁线	$\phi 2.0$	m	120						

审批人：李立　　　　　　　　　　　　　　　　　　　领料员：潘杰

四联：财务

表 2-1-14 (5/11)

领 料 单

吉林省红钻汽车电器股份有限公司　　　　　　　　　2017 年 12 月 6 日

领料车间	机加			用途	BX618总成			四财务
材料名称	规格	单位	数量	单价	金额	备注		
电机		台	2 000					

审批人：李立　　　　　　　　　　　　　　　　　领料员：潘志

表 2-1-14 (6/11)

领 料 单

吉林省红钻汽车电器股份有限公司　　　　　　　　　2017 年 12 月 6 日

领料车间	机加			用途	JK308线束			四财务
材料名称	规格	单位	数量	单价	金额	备注		
铜芯聚氯乙烯	$\phi 0.5$	m	270					

审批人：李立　　　　　　　　　　　　　　　　　领料员：潘志

表 2-1-14 (7/11)

领 料 单

吉林省红钻汽车电器股份有限公司　　　　　　　　　2017 年 12 月 6 日

领料车间	机加			用途	BX618总成			四财务
材料名称	规格	单位	数量	单价	金额	备注		
滑轮轴		个	4 000					

审批人：李立　　　　　　　　　　　　　　　　　领料员：潘志

表 2-1-14 (8/11)

领 料 单

吉林省红钻汽车电器股份有限公司　　　　　　　　　2017 年 12 月 6 日

领料车间	修理			用途	机加车间车床维修			四财务
材料名称	规格	单位	数量	单价	金额	备注		
轴承	$\phi 25$	个	4					

审批人：李立　　　　　　　　　　　　　　　　　领料员：刘刚

表 2-1-14（9/11）

领 料 单

吉林省红钻汽车电器股份有限公司　　　　　　　　　　　　　2017 年 12 月 6 日

领料车间	机加			用途	JK308		
材 料 名 称	规 格	单 位	数 量	单 价	金 额	备 注
紫铜板	0.3	kg	2 109			

审批人：李立　　　　　　　　　　　　　　　　　　　领料员：潘杰

（四 财务）

表 2-1-14（10/11）

领 料 单

吉林省红钻汽车电器股份有限公司　　　　　　　　　　　　　2017 年 12 月 6 日

领料车间	机加			用途	JK308		
材 料 名 称	规 格	单 位	数 量	单 价	金 额	备 注
开关壳体		个	3 227			

审批人：李立　　　　　　　　　　　　　　　　　　　领料员：潘杰

（四 财务）

表 2-1-14（11/11）

领 料 单

吉林省红钻汽车电器股份有限公司　　　　　　　　　　　　　2017 年 12 月 6 日

领料车间	机加			用途	JK308		
材 料 名 称	规 格	单 位	数 量	单 价	金 额	备 注
开关按键		套	3 001			

审批人：李立　　　　　　　　　　　　　　　　　　　领料员：潘杰

（四 财务）

表 2-1-15

中国工商银行电汇凭证（回单）

□普通　□加急　　委托日期　2017 年 12 月 7 日

汇款人	全称	吉林省红钻汽车电器股份有限公司	收款人	全称	贵航集团万江机电厂
	账号或住址	21402490104300		账号或住址	贵州省修文县万江路25号
	汇出地点	吉林省白城市	汇出行全称	工商银行靖安支行	汇入地点	贵州省修文县	汇入行全称	工商银行万江支行

| 金额 | 人民币（大写） | 壹万元整 | 百十万千百十元角分 ¥ 1 0 0 0 0 0 0 0 |

款项已汇入收款人账户

中国工商银行
万江支行
2017.12.7

支付密码

附加信息及用途

汇入行签章　　　　　复核　　记账

此联汇出行给付款人的回单

表 2-1-16

中国工商银行
现金支票存根　（吉）
XⅡ01116361

附加信息 _____
_____
_____
_____

出票日期 2017 年 12 月 7 日

收款人：	红钻公司
金　额：	1 000.00
用　途：	补充库存现金

单位主管：杨修　会计：王文

表 2-1-17（1/3）

公出旅费报销单

单位：供应科　　　　　　　　　　　　　　　　　　　　　附件9张 2017年12月8日

| 董云波 | 同行人印 | 张中山 冯日云 | 共3人 | 审批人印 | 杨修 | 公出任务 | 采购 | 自 12月4日起 至 12月7日止 | 第4天 |

出 发			到 达			火车费	卧铺	市内车费	汽车火车	宿费	途中伙食补助费		住勤费		合计
月	日时	地点	月	日时	地点						天数	金额	天数	金额	
12	4	白城	12	4	长春	29.00×3 =87.00					3	25.00	3	30.00	
12	7	长春	12	7	白城	80.00	卧			64.00（略）					
	合　计					167.00				64.00		25.00		30.00	286.00

借款	金　额	交结余或超支金额	286.00 报销金额	人民币（大写）贰佰捌拾陆元整
	800.00	514.00		

负责人：姜开元　　会　计：赵彩月　　出　纳：陈可　　经手：董云波

表 2-1-17（2/3）

```
0096661

长　春 ——→ 白　城　K651次
2017年12月22日  13:38 开 00 车  无座
全价  29.00 元      硬座特快
限乘当日当次车
在 2 日内到有效
```
（共 3 张）

```
                          年 月 日
         旅客列车服务票据
票价：拾　元　整
        ￥：10.00 元
_____站发售    当日当次有效
杜鹃湖号    N:0086099



                  白城铁路分局
```
（共 8 张）

表 2-1-17（3/3）

收 据
2017 年 12 月 8 日　　　　　　　　　　编号：

今收到：供应科董云波交来

人民币捌佰元整　　　　　　　　　　（现金收讫）

上款系：差旅费预借款（实际报销 286.00）　　¥ 800.00

单位盖章：　　会计：赵彩月　　出纳：陈可　　经手人：董云波

表 2-1-18

吉林增值税普通发票
No 45891473

发 票 联
开票日期：2017 年 12 月 8 日

第二联：发票联　购货方记账凭证

购货单位	名　　称：吉林省红铅汽车电器股份有限公司
	纳税人识别号：220801702428100898
	地址、电话：白城市新华西路 2 号
	开户行及账号：工行靖安支行 1402490104300

密码区：（略）

货物或应税劳务名称	规格型号	单位	数量	单价	金额	税率	税额
广告费					388.35	3%	11.65
合计					388.35		11.65

价税合计（大写）	肆佰元整	（小写）¥400.00

销货单位	名　　称：白城日报社
	纳税人识别号：220801702471985345
	地址、电话：白城市万江路 59 号
	开户行及账号：工行万江支行 1402490144469

备注：（白城日报社 220801702471985345 发票专用章）

收款人：张云　　复核：　　开票人：李红波　　销货单位：（章）

表 2-1-19

坏 账 审 批 单
2017 年 12 月 9 日

销售给湖北长陵汽车改装厂 JK308 组合开关应收货款 8 000.00 元，已逾 3 年尚未收回，经确认作为坏账损失处理。

负责人：姜开元

表2-1-20（1/5）　　　**吉林增值税专用发票**　　　No 00097523

此联不作报销、扣税凭证使用

开票日期：2017年12月11日

名　　称：	中国第一汽车集团公司采购部	密码区	（略）
纳税人识别号：	220106123998900890		
地址、电话：	长春市东风大街78号　5903900		
开户行及账号：	工商银行一汽支行 02422123900		

货物或应税劳务名称	规格型号	单位	数量	单价	金额	税率	税额
电动玻璃升降器	BX618	只	128	354	45 312.00	17%	7 703.04
电动玻璃升降器	BX618	只	128	354	45 312.00	17%	7 703.04
合　　计					¥ 90 624.00		¥ 15 406.08

价税合计（大写）	⊗壹拾万陆仟零叁拾圆捌分	（小写）¥ 106 030.08

名　　称：	吉林省红钻汽车电器股份有限公司	备注
纳税人识别号：	220801702428100898	
地址、电话：	白城市新华西大路2号 3322500	
开户行及账号：	工商银行靖安支行 21402490104300	

收款人：　　复核：　　开票人：赵彩月　　销货单位：（章）

第一联：记账联　销货方记账凭证

表2-1-20（2/5）　　　**吉林增值税专用发票**　　　No 00097522

此联不作报销、扣税凭证使用

开票日期：2017年12月11日

购货单位	名　　称：	中国第一汽车集团公司采购部	密码区	（略）
	纳税人识别号：	220106123998900890		
	地址、电话：	长春市东风大街78号　5903900		
	开户行及账号：	工商银行一汽支行 02422123900		

货物或应税劳务名称	规格型号	单位	数量	单价	金额	税率	税额
电动玻璃升降器	BX618	只	280	354	99 120.00	17%	16 850.40
合　　计					¥ 99 120.00		¥ 16 850.40

价税合计（大写）	⊗壹拾壹万伍仟玖佰柒拾圆肆角整	（小写）¥ 115 970.40

销货单位	名　　称：	吉林省红钻汽车电器股份有限公司	备注
	纳税人识别号：	220801702428100898	
	地址、电话：	白城市新华西大路2号 3322500	
	开户行及账号：	工商银行靖安支行 21402490104300	

收款人：　　复核：　　开票人：赵彩月　　销货单位：（章）

表 2-1-20（3/5）

吉林增值税专用发票

No 00097524

此联不作报销、扣税凭证使用

开票日期：2017 年 12 月 11 日

购货单位	名　　　称：中国第一汽车集团公司采购部 纳税人识别号：220106123998900890 地　址、电话：长春市东风大街78号 5903900 开户行及账号：工商银行一汽支行 02422123900	密码区	（略）

货物或应税劳务名称	规格型号	单位	数量	单价	金　额	税率	税　额
电动玻璃升降器	BX618	只	280	354	99 120.00	17%	16 850.40
合　　　计					￥99 120.00		￥16 850.40
价税合计（大写）	⊗壹拾壹万伍仟玖佰柒拾圆肆角整				（小写）￥115 970.40		

销货单位	名　　　称：吉林省红钻汽车电器股份有限公司 纳税人识别号：220801702428100898 地　址、电话：白城市新华西大路2号 3322500 开户行及账号：工商银行靖安支行 21402490104300	备注	

收款人：　　　　复核：　　　　开票人：赵彩月　　　　销货单位：（章）

第一联：记账联 销货方记账凭证

表 2-1-20（4/5）

产　品　出　库　单

2017 年 12 月 12 日

品　　名	规格型号	单位	数　量	单　价	总成本
电动玻璃升降器	BX618	只	128		
电动玻璃升降器	BX618	只	128		
电动玻璃升降器	BX618	只	280		
电动玻璃升降器	BX618	只	280		

负责人：曹大伟　　　经手人：钱本洋

二联：财务存

表 2-1-20（5/5）

银行承兑汇票 （卡片）   2

出票日期贰零壹柒年壹拾贰月壹拾壹日
（大写）　　　　　　　　　　汇票号码：00526573

付款人	全　称	中国第一汽车集团公司采购部	收款人	全　称	吉林省红钻汽车电器股份有限公司
	账　号	02422123900		账　号	21402490104300
	开户银行	长春市工行一汽支行		开户银行	工商行靖安支行

出票金额	人民币（大写） 叁拾叁万柒仟玖佰柒拾元捌角捌分	千 百 十 万 千 百 十 元 角 分 ¥ 3 3 7 9 7 0 8 8

| 汇票到期日（大写） | 贰零壹捌年零叁月壹拾壹日 | 付款人开户行 | 账号 |
| | | | 地址 |

承兑协议编号：　　　　　　　　本汇票已经承兑，到期由本行付款。

本汇票请你行承兑，到期无条件付款。

　　　　　　　　出票人签章　　　　　　　承兑行签章
　　　　　　　　　　　　　　　　承兑日期　年　月　日　　复核　　记账

此联收款人开户行随托收凭证寄付款行作为借方凭证附件

表 2-1-21（1/3）

吉林增值税专用发票   No 00097190

此联不作报销、扣税凭证使用　　开票日期：2017 年 12 月 12 日

购货单位	名　　称：中国第一汽车集团青岛汽车厂	密码区	（略）
	纳税人识别号：370206163567300890		
	地址、电话：青岛市沧口区娄山路2号　4816800		
	开户行及账号：工行李沧支行娄山支行 25204075500		

货物或应税劳务名称	规格型号	单位	数　量	单　价	金　　额	税率	税　额
组合开关	JK308	只	5 000	178.6	893 000.00	17%	151 810.00
合　　　计					¥ 893 000.00		¥ 151 810.00

价税合计（大写）	壹佰零肆万肆仟捌佰壹拾圆整	（小写）¥ 1 044 810.00

销货单位	名　　称：吉林省红钻汽车电器股份有限公司	备注	汽车送货
	纳税人识别号：220801702428100898		
	地址、电话：白城市新华西大路2号　3322500		
	开户行及账号：工商银行靖安支行 21402490104300		

收款人：　　　复核：　　　开票人：赵彩月　　　销货单位：（章）

第一联：记账联　销货方记账凭证

表 2-1-21（2/3）　　　**吉林增值税专用发票**　　　No 00097189

此联不作报销、扣税凭证使用

开票日期：2017 年 12 月 12 日

购货单位	名　　　　称：中国第一汽车集团青岛汽车厂 纳税人识别号：370206163567300821 地　址、电　话：青岛市沧口区娄山路 2 号　4816800 开户行及账号：工行李沧支行娄山支行 25204075500	密码区	（略）

货物或应税劳务名称	规格型号	单位	数量	单价	金额	税率	税额
组合开关	JK308	只	5 000	178.6	893 000.00	17%	151 810.00
合　　　　计					￥893 000.00		￥151 810.00

价税合计（大写）	壹佰零肆万肆仟捌佰壹拾元整	（小写）￥1 044 810.00

销货单位	名　　　　称：吉林省红钻汽车电器股份有限公司 纳税人识别号：220801702428100898 地　址、电　话：白城市新华西大路 2 号　3322500 开户行及账号：工商银行靖安支行 21402490104300	备注	汽车送货

收款人：　　　　复核：　　　　开票人：赵彩月　　　　销货单位：（章）

第一联：记账联　销货方记账凭证

表 2-1-21（3/3）　　　**产　品　出　库　单**

2017 年 12 月 12 日

品　名	规格型号	单位	数　量	单　价	总成本
组合开关	JK308	只	10 000.00		

负责人：曹大伟　　　经手人：钱本洋

二联：财务存

表 2-1-22（1/2）　　　**领　料　单**

吉林省红钻汽车电器股份有限公司　　　　　　　　2017 年 12 月 12 日

领料车间	机加			用途	BX618		
材　料　名　称	规　格	单　位	数　量	单　价	金　额	备注
护套	140	个	1 000			

审批人：李立　　　　　　　　　　　　　　　　领料员：潘杰

四　财务

表 2-1-22（2/2）

领 料 单

吉林省红钻汽车电器股份有限公司　　　　　　　　　　　　　2017 年 12 月 12 日

领料车间	修理				用途	维修机加车间钻床		
材 料 名 称	规 格	单 位	数 量	单 价	金 额	备 注
钻头	φ10	个	3			

审批人：李立　　　　　　　　　　　　　　　　　　　领料员　刘刚

（四财务）

表 2-1-23（1/2）

浙江增值税专用发票

发 票 联

No 00087863

开票日期：2017 年 12 月 13 日

名　　　　称：吉林省红钻汽车电器股份有限公司 纳税人识别号：220801702428100890 地　址、电话：白城市新华西大路 2 号 0436-3322500 开户行及账号：工行靖安支行 21402490104300	密码区	（略）

货物或应税劳务名称	规格型号	单位	数 量	单 价	金 额	税率	税 额
绕线机	SKR-1D	台	1	7 264.957265	7 264.96	17%	1 235.04
合　　　　计					￥7 264.96		￥1 235.04

价税合计（大写）	⊗捌仟伍佰元整		（小写）￥8 500.00

名　　　　称：杭州奥士玛数控设备有限公司 纳税人识别号：330195143061800245 地　址、电话：杭州市西郊区文苑路金都花园路 1 单元 401 室 8190400 开户行及账号：工行高新支行 1202026209004736200	备注	（发票专用章：杭州奥士玛数控设备有限公司 330195143061800245）

收款人：　　　　复核：　　　　开票人：黄青华　　　　销货单位：（章）

第三联：发票联　购货方记账凭证

表 2-1-23（2/2）　　　　**固定资产验收交接单**

2017 年 12 月 13 日

保管使用单位：机加工

固定资产名称	型号规格	计量单位	数量	金　额	制造商
绕线机	SKP-10	台	1	7 264.96	杭州奥士玛数控设备有限公司
到货日期	2017.12.13	可使用年限	10 年	附属设备	
机加车间参加验收意见	同意接收		使用（保管）验收签证	李平	

表 2-1-24　　　　**中国工商银行电汇凭证（回单）**　　　　1

□普通　□加急　　　委托日期　2017 年 12 月 13 日

汇款人	全　称	吉林省红钻汽车电器股份有限公司	收款人	全　称	贵航集团万江机电厂	此联汇出行给付款人的回单
	账号或住址	2140249010400		账号或住址	贵州省修文县万江路25号	
	汇出地点	吉林省白城市	汇出行全称	市工商行靖安支行	汇入地点	贵州省修文县	汇入行名称	工商银行万江支行	
金额	人民币（大写）	壹拾壹万叁仟元整			百十万千百十元角分 ¥ 1 1 3 0 0 0 0 0	

款项已汇入收款人账户

中国工商银行 万江支行 2017.12.13

汇入行签章　　　支付密码

附加信息及用途

复核　　记账

表 2-1-25　　　　**借　据**　　　　原始凭证编号

2017 年 12 月 14 日　　　　借方

贷方

人民币壹仟元整

上款系接待上海攀茂德技术咨询服务有限公司支出。　¥ 1 000.00 元

领收人：史洪伟

| 负责 | 姜开元 | 会计 | 赵彩月 | 出纳 | 陈可 | 复核 | | 经手人 | |

表 2－1－26（1/4）　　　**吉林增值税专用发票**　　No. 27894500

发　票　联　　开票日期：2017 年 12 月 15 日

购货单位	名　　称：吉林省红钻汽车电器股份有限公司 纳税人识别号：220801702428100898 地址、电话：白城市新华西路 2 号 开户行及账号：工行靖安支行 21402490104300	密码区	略

货物或应税劳务名称	规格型号	单位	数量	单价	金　额	税率	税额
水		吨	2 250	0.4	900.00	13%	117.00
合　　计					900.00		117.00

价税合计（大写）	壹仟零壹拾柒元整	（小写）¥ 1 017.00

销货单位	名　　称：白城市自来水公司 纳税人识别号：220212025413200333 地址、电话：白城市长庆路 112 号 开户行及账号：工行长庆支行 134078601130	备注	

销货单位：(章)　　收款人：　　复核：　　开票人：王立

表 2－1－26（2/4）　　**托收凭证**（付款通知）　　5

委托日期 2017 年 12 月 15 日

业务类型		委托收款（□邮划 □电划）		托收承付（□邮划　□电划）	
付款人	全　称	吉林省红钻汽车电器股份有限公司	收款人	全　称	白城市自来水公司
	账　号	2140249010400		账　号	2132078601130
	开户银行	工行靖安支行		开户银行	工行长庆支行

托收金额	人民币 （大写）	壹仟零壹拾柒元整	千	百	十	万	千	百	十	元	角	分
						¥	1	0	1	7	0	0

款项内容	水费	托收凭据名称	委托收款	附寄单证张数	1 张
商品发运情况		合同名称号码			

备注： 付款人开户银行收到日期 　　年　月　日 复核　记账	付款人开户银行签章 中国工商银行白城市 靖安支行 20 年.12 月 5 日	付款单位注意： 1. 根据结算办法，上列委托收款（托收承付），如在付款期限内未拒付，即视同全部同意付款，以此联带付款通知 2. 如系全部或部分拒付，应在付款期限内，将拒付理由书并附债务证明退交开户银行

表 2-1-26（3/4）

吉林增值税专用发票

No. 27894500

发票联

开票日期：2017 年 12 月 15 日

购货单位	名　　称：	吉林省红钻汽车电器股份有限公司	密码区	略
	纳税人识别号：	220801702428100898		
	地址、电话：	白城市新华西路2号		
	开户行及账号：	工行靖安支行 21402490104300		

货物或应税劳务名称	规格型号	单位	数量	单价	金额	税率	税额
电		度	28 750	0.4	11 500.00	17%	1 955.00
合　　计					11 500.00		1 955.00

价税合计（大写）	壹万叁仟肆佰伍拾伍元整	（小写）¥ 13 455.00

销货单位	名　　称：	白城市供电公司
	纳税人识别号：	220827432536340244
	地址、电话：	白城市海明路18号 3325836
	开户行及账号：	工行海明支行 215643254620

销货单位：（章）　　收款人：　　复核：　　开票人：刘强

第三联：发票联　购货方记账凭证

表 2-1-26（4/4）

托收凭证（付款通知） 5

委托日期 2017 年 12 月 15 日

业务类型		委托收款（□邮划 □电划）		托收承付（□邮划　□电划）	
付款人	全　称	吉林省红钻汽车电器股份有限公司	收款人	全　称	白城市供电公司
	账　号	2140249104300		账　号	215643254620
	开户银行	工行靖安支行		开户银行	工行海明支行

托收金额	人民币（大写）	壹万叁仟肆佰伍拾伍元整	千	百	十	万	千	百	十	元	角	分
					¥	1	3	4	5	5	0	0

款项内容	电费	托收凭据名称	委托收款	附寄单证张数	1张
商品发运情况			合同名称号码		

备注：付款人开户银行收到日期 年　月　日 复核　记账	付款人开户银行签章 中国工商银行白城市靖安支行 2017.12.15	付款单位注意： 1. 根据结算办法，上列委托收款（托收承付），如在付款期限内未拒付，即视同全部同意付款，以此联带付款通知 2. 如系全部或部分拒付，应在付款期限内，将拒付理由书并附债务证明退交开户银行

此联是付款人开户行给付款人按期付款的通知

表 2-1-27　　　　　　　**水电费分配表**
　　　　　　　　　　　2017 年 12 月 15 日

单　位	水　费	电　费	合　计
厂部	200.00	816.00	1 016.00
基本生产车间	600.00	8 000.00	8 600.00
辅助生产车间	100.00	2 684.00	2 784.00
合　计	900.00	11 500.00	12 400.00

制表：姜丽

表 2-1-28　　　　　　**借款凭证第四联**（回单）
　　　　　　　　　　　2017 年 12 月 18 日

借款单位名称	吉林省红钻汽车电器股份有限公司	贷款户账号	21402490104300
		存款户账号	21402490104300

借款金额	人民币（大写）玖拾柒万元整	金额 亿千百十万千百十元角分 ¥ 9 7 0 0 0 0 0 0

借款用途	借新还旧	约定偿还日期	2017 年 12 月 18 日

上列借款已核准发放并已转入 你单位　　账户 （银行盖章）	备注：

（中国工商银行白城市靖安支行 2017.12.18 转讫(2)）

表 2-1-29　　　　　**中国工商银行特种转账借方凭证**　　　　1263886
　　　　　　　　　　2017 年 12 月 18 日　　　　　　　　　　第　号

付款人	全　称	红钻股份公司		收款人	全　称	工行白城市靖安支行	
	账号或地址	21402490104300			账号或地址	1650104311-3030	
	开户银行	靖安支行	行号		开户银行	靖安支行	行号

金额	人民币（大写）玖拾柒万元整	千百十万千百十元角分 ¥ 9 7 0 0 0 0 0 0

原凭证金额		赔偿金	
原凭证名称		号码	

转账原因	收贷 2 156　借据 001	银行盖章 借：_____ 贷：_____

会计主管　　复核　　记账　　制票

附件　　张

表2-1-30（1/2） **中国工商银行特种转账借方凭证** 1350672
2017年12月21日 第 号

付款人	全称	红钻汽车电器股份有限公司		收款人	全称	工行白城市靖安支行	
	账号或地址	21402490104300			账号或地址	1650104311-3032	
	开户银行	靖安支行	行号		开户银行	靖安支行	行号

金额	人民币（大写）	玖万捌仟捌佰肆拾陆元肆角捌分	千	百	十	万	千	百	十	元	角	分
					¥	9	8	8	4	6	4	8

原凭证金额		赔偿金		银行盖章 借：_____ 贷：_____
原凭证名称		号码		

转账原因	收息	会计主管　复核　记账　制票

附件　张

（银行盖章：中国工商银行白城市靖安支行 2017.12.18 转讫(2)）

表2-1-30（2/2）

内部转账单

2017年12月21日

摘　要	金　额
冲销10月11日已预提利息	65 897.65

表2-1-31（1/3）

固定资产报废单

2017年12月21日

固定资产名称及编号	规格型号	单位	数量	预计使用年限	已使用年限	原始价值	已提折旧	备注
仓库 0235号	砖混	栋	1	5年	4年9个月	20 000	19 000	周转用
固定资产状况及报废原因	已不能使用							
处理意见	使用部门		技术鉴定小组		固定资产管理部门		主管部门审批	
	因设施陈旧		情况属实		同意转入清理		同意报废重建	

表2-1-31（2/3）

入 库 单

2017年12月22日

字第_____号

品 名	规 格	单位	数 量	单 价	金 额	备注
红砖		块	8 000	0.10	800.00	残料

第二联：财务

红钻有限公司　　　　负责人：李桂荣　　　进货经手人：兰成

表2-1-31（3/3）

内 部 转 账 单

2017年12月23日

摘　　要	金　　额
批准转销提前报废仓库（0235号）的净损失	200.00

表2-1-32（1/2）

报 销 单

2017年12月23日

部　门	业务科：史洪伟	凭证张数：5
事由	接待上海攀茂德技术咨询服务有限公司就餐费	
支付金额	人民币壹仟元整	￥1 000.00
核销金额	人民币壹仟元整	￥1 000.00
审批人	杨修	

经办人：史洪伟

表2-1-32（2/2）

吉林增值税普通发票

发票联

No 45897856

开票日期：2017年12月23日

购货单位	名　　称：吉林省红钻汽车电器股份有限公司 纳税人识别号：220801702428100898 地址、电话：白城市新华西路2号 开户行及账号：工行靖安支行 1402490104300	密码区	（略）			
货物或应税劳务名称	规格型号	单位	数 量	单 价	金 额	税率	税 额
餐费					970.87	3%	29.13
合　　计					970.87		29.13
价税合计（大写）	壹仟元整				（小写）￥1 000.00		
销货单位	名　　称：白城市白山宾馆 纳税人识别号：220801702444663735 地址、电话：白城市新华西路445号 开户行及账号：工行靖安支行 1402497493697	备注	220801702444663735 发票专用章			

收款人：李利　　　复核：　　　开票人：张强生　　　销货单位（章）

表2-1-33（1/2）

山东增值税专用发票　№ 02704477

发　票　联　　　开票日期：2017年12月22日

购货单位	名　称：吉林省红铅汽车电器股份有限公司 纳税人识别号：220801702428100898 地址、电话：白城市新华西大路2号 开户行及账号：工行靖安支行21402490104300	密码区	（略）

货物或应税劳务名称	规格型号	单位	数量	单价	金额	税率	税额
包装箱	大	个	400	25.00	10 000.00	17%	1 700.00
合　计					¥ 10 000.00		¥ 1 700.00

价税合计（大写）	壹万壹仟柒佰元整	（小写）¥ 11 700.00

销货单位	名　称：山东省诸城四达公司 纳税人识别号：370782169721200342 地址、电话：棉织街3号 6212200 开户行及账号：工行诸城支行04122102200	备注	（发票专用章）

收款人：王温斌　　复核：赵玉荣　　开票人：　　　销货单位：（章）

第三联：发票联　购货方记账凭证

表2-1-33（2/2）

入　库　单

2017年12月24日　　　字第_____号

品　名	规　格	单位	数　量	单　价	金　额	备注
包装箱	大	个	400	25.00	10 000.00	

红钻有限公司　　　　负责人：李桂荣　　进货经手人：王伟进

二联：财务

表 2-1-34　　　　　　　　　　领　料　单　　　　　　　　2017 年 12 月 24 日

吉林省红钻汽车电器股份有限公司

领料车间	机修车间				用途	维修用	
材料名称	规格	单位	数量	单价	金额	备注	
专用工具		套	20	540.20	10 804.00		

审批人：李立　　　　　　　　　　　　　　　领料员：刘刚

（四 财务）

表 2-1-35（1/2）　　　中国工商银行电汇凭证（回单）　　　1

□普通　□加急　　委托日期　2017 年 12 月 25 日

汇款人	全称	吉林省红钻汽车电器股份有限公司		收款人	全称	山东诸城四达公司	
	账号或住址	2140249010400			账号或住址	320-6389076-89	
	汇出地点	吉林省白城市	汇出行全称　工商银行靖安支行		汇入地点	山东省诸城市	汇入行全称　工商银行诸城支行
金额	人民币（大写）	壹万元整			百十万千百十元角分 ¥ 1 0 0 0 0 0 0 0		

款项已汇入收款人账户

（中国工商银行诸城市诸城支行 2017.12.25）

汇入行签章　　　　　　支付密码　　　　　附加信息及用途

复核　　　记账

此联汇出行给付款人的回单

表 2-1-35（2/2）　　　中国工商银行电汇凭证（回单）　　　1

□普通　□加急　　委托日期　2017 年 12 月 25 日

汇款人	全称	吉林省红钻汽车电器股份有限公司		收款人	全称	长春薄板厂景兴物资经销处	
	账号或住址	2140249010400			账号或住址	640-20120053-00	
	汇出地点	吉林省白城市	汇出行全称　工商银行靖安支行		汇入地点	吉林省长春市	汇入行全称　工商银行东大桥支行
金额	人民币（大写）	叁万元整			百十万千百十元角分 ¥ 3 0 0 0 0 0 0 0		

款项已汇入收款人账户

（中国工商银行长春市东大桥支行 2017.12.25）

汇入行签章　　　　支付密码

此联汇出行给付款人的回单

表 2-1-36

中华人民共和国税收缴款书

（　）吉税
缴字
隶属关系：

收入机关：国税直属分局　　填发日期：2017 年 12 月 26 日　　经济类型：股份制

预算科目	款	国税	缴款单位（人）	代　码	220801702428100
	项	增值税及滞纳金		全　　称	吉林省红铅汽车电器股份有限公司
	级次	中央75% 地方25%		开户银行	工行白城市靖安支行
收款国库		白城市中心支库		账　　号	21402490104300

税款所属时期　　2017 年 10 月　日　　税款限缴日期　　2017 年 11 月　日

品目名称	课税数量	计税金额或销售收入	税率或单位税额	已缴或扣除额	实缴税额								
					千	百	十	万	千	百	十	元	角	分
增值税			17%		¥		1	8	8	4	4	0	8	4
滞纳金		188 440.84 ×	46 天 × 2‰		¥			1	7	3	6	5	6

金额合计 人民币（大写）　零仟零佰贰拾零万伍仟柒佰柒拾柒元肆角零分　　¥ 2 0 5 7 7 7 4 0

缴款单位（人）（盖章）	税务机关（盖章）	上列款项已收妥并划转收款单位账户 国库（银行）盖章 　年　　月　　日	备注	010098
经办人（章）	填票人（章）			

逾期不缴按税法规定加收滞纳金

第一联（收据）国库（经收处）收款盖章后退缴款单位（人）作完税凭证

无银行收讫章无效

表 2-1-37（1/2）

收　据

2017 年 12 月 27 日　　　　　　　　　　　　　　　　　　编号：005289

今收到：吉林省红铅汽车电器股份有限公司

人民币（大写）　贰万元整

上款系：救灾捐赠款　　　　　¥ 20 000.00

单位盖章：　　会计：袁洪彬　　出纳：张立　　经手人：陶化贵

表2-1-37（2/2）

中国工商银行　（吉）
现金支票存根
ⅩⅡ03821019

附加信息 _____
_____
_____
_____

出票日期 2017年12月27日

| 收款人：白城减灾委员会 |
| 金　　额：20 000.00 |
| 用　　途：救灾捐款 |

单位主管：杨修　会计：王文

表2-1-38　　　　　　　　**领　料　单**

吉林省红钻汽车电器股份有限公司　　　　　　　　　2017年12月28日

领料车间	销售部门			用途	包装产品	
材料名称	规　格	单　位	数　量	单　价	金　额	备　注
包装箱	大	个	2 000	24.77	49 540.00	
包装箱	小	个	3 000	14.50	43 500.00	

审批人：宏亮　　　　　　　　　　　　　　　　　领料员：马立伟

表2-1-39　**中国工商银行电汇凭证**（收账通知）　　4

□普通　□加急　　委托日期 2017年12月29日

汇款人	全　称	中国第一汽车集团东岛汽车厂	收款人	全　称	吉林省红钻汽车电器股份有限公司							
	账号或住址	25204075500		账号或住址	2140249010400							
	汇出地点	吉林省白城市	汇出行全称	工商银行靖安支行		汇入地点	吉林省白城市	汇入行全称	工商银行靖安支行			
金额	人民币（大写）	贰佰零捌万玖仟陆佰贰拾零元整			百	十	万	千	百	十	元	角	分
					2	0	8	9	6	2	0	0	0
款项已汇入收款人账户		中国工商银行 靖安支行 2017.12.29 汇入行签章			支付密码							

表2-1-40(1/2)

中国工商银行
现金支票存根 （吉）
XⅡ01116362

附加信息 _____
_____
_____
_____

出票日期 *2017* 年 *12* 月 *30* 日

收款人：	红钻汽车电器公司
金　　额：	296 750.00
用　　途：	工资

单位主管：*杨修*　会计：*王文*

表2-1-40(2/2)

工薪结算汇总表

2017年12月30日

车间、部门	项目	基本工薪	综合奖金	津贴	缺勤应扣工薪	应付工薪	代扣款项		实发工薪
							水电费	托儿费	
机加工车间	生产工人	160 000	40 000	8 000	3 000	205 000	400	150	204 450.00
	管理人员	12 000	800	500	200	13 100	200	60	12 840.00
修理车间	生产工人	10 000	800	800	200	11 400	200	200	11 000
	管理人员	2 000	500	200	60	2 640	80	40	2 520
福利部门		2 000	900	—	200	2 700	100	60	2 540
厂部		50 000	10 000	—	1 000	59 000	500	200	58 300
在建工程		5 000	200	—		5 200	100	—	5 100
合　计		241 000	53 200	9 500	4 660	299 040	1 580	710	296 750

表 2-1-41　　　　　　　　　**工薪福利费分配表**
　　　　　　　　　　　　　　2017 年 12 月 31 日

产品车间部门		工薪费用分配			计提职工福利费	
		生产工时（小时）	分配率	分配金额	计提比例	计提金额
产品	BX618 电动玻璃升降器	57 000	—	99 871.87		13 982.06
	JK308 组合开关	60 000	—	105 128.13		14 717.94
	小　　计	117 000	1.752138	205 000.00		28 700
机加工车间管理人员				13 100		1 834
修理车间	生产工人			11 400		1 596
	管理人员			2 640		369.60
福利部门				2 700		378
厂部				59 000		8 260
在建工程				5 200		728
合　　计				299 040	14%	41 865.60

表 2-1-42　　　　　　　　　**坏账准备金计算表**
　　　　　　　　　　　　　　2017 年 12 月 31 日

应收账款期末余额	计提比例	应提坏账准备	坏账准备余额	本月提取额
4 707 817.90	5‰	23 539.09	15 579.09	7 960

表 2-1-43　　　　　　　　　**固定资产折旧计算表**
　　　　　　　　　　　　　　2017 年 12 月 31 日

固定资产类别	月折旧率	机加工车间		修理车间		管理部门		合　计	
		原值	月折旧额	原值	月折旧额	原值	月折旧额	原值	月折旧额
房屋建筑物	0.9%	3 521 568.00	31 694.11	800 000.00	7 200.00	2 000 000.00	18 000.00	6 321 568.00	56 894.11
机器设备	1.5%	1 600 000.00	24 000.00	200 000.00	3 000.00	800 000.00	12 000.00	2 600 000.00	39 000.00
其他	0.4%	200 000.00	800.00	—	—	15 193.00	60.77	215 193.00	860.77
合计	—	5 321 568.00	56 494.11	1 000 000.00	10 200.00	2 815 193.00	30 060.77	9 136 761.00	96 754.88

表 2-1-44　　　　　　　**待摊费用摊销计算表**

2017 年 12 月 31 日

费用项目	本月摊销额
报刊杂志费	802.14
保险费	55 195.00
合　计	55 997.14

表 2-1-45　　　　　　　**无形资产摊销计算表**

2017 年 12 月 31 日

无形资产名称	本月摊销数
土地使用权	3 000.00

表 2-1-46　　　　　　　**材料费用分配汇总表**

2017 年 12 月 31 日

领料部门及用途		原料及主要材料	外购半成品	辅助材料	修理用备件	合　计
生产成本	JK308	44 560.00	9 455.00			54 015.00
	BX618	5 691.00	272 130.00	130.00		277 951.00
辅助生产	修理直接用				2 120.00	2 120.00
	间接耗用					
制造管理	机加工车间					
厂　部						
合　计		50 251.00	281 585.00	130.00	2 120.00	334 086.00

表 2-1-47（1/2）　　　　　**机修车间提供劳务记录**

2017 年 12 月 31 日

受益部门	受益小时数
机加工车间	5 000.00
管理部门	2 000.00
技术改造工程	3 000.00
合　计	10 000.00

表 2-1-47（2/2） **辅助生产费用分配表**

2017 年 12 月 31 日

耗用部门	耗用工时（小时）	分配率	应分配金额
机加工车间	5 000.00		20 956.80
管理部门	2 000.00		8 382.72
技术改造工程	3 000.00		12 574.08
合　计	10 000.00	4.19136	41 913.60

表 2-1-48 **制造费用分配表**

2017 年 12 月 31 日

产品	生产工时	分配率	分配金额
BX618	57 000		49 197.78
JK308	60 000		51 787.13
合　计	117 000	0.863119	100 984.91

表 2-1-49（1/4） **生产成本计算表**

产品名称：BX618　　　　2017 年 12 月 31 日　　　　完工程度 50%

摘　要	成　本　项　目			合　计
	直接材料	直接人工	制造费用	

说明：根据有关资料，编制生产成本计算表，计算完工产品和在产品成本。

表 2-1-49（2/4） **生产成本计算表**

产品名称：JK308　　　　2017 年 12 月 31 日　　　　完工程度 100%

摘　要	成　本　项　目			合　计
	直接材料	直接人工	制造费用	

说明：根据有关资料，编制生产成本计算表，计算完工产品和在产品成本。

表 2-1-49（3/4）

产 品 入 库 单

2017 年 12 月 31 日　　　　　字第_____号

品　名	规格型号	单位	数　量	单位成本	总成本	备注
升降器	BX618	只	1 800			

第二联：财务

红钻有限公司　　　负责人：曹大伟　　　经手人：钱东洋

表 2-1-49（4/4）

产 品 入 库 单

2017 年 12 月 31 日　　　　　字第_____号

品　名	规格型号	单位	数　量	单位成本	总成本	备注
组合开关	JK308	只	2 500			

第二联：财务

红钻有限公司　　　负责人：曹大伟　　　经手人：钱东洋

表 2-1-50

内 部 转 账 单

2017 年 12 月 31 日

摘　　　要	金　　额
结转本月应交未交增值税	

表 2-1-51

应交税金及附加计算表

2017 年 12 月 31 日

项目	城建税		教育费附加	
计税额	提取比例	提取额	提取比例	提取额
	7%		3%	

表 2-1-52

产品销售成本计算表

2017 年 12 月 31 日

产品名称	期初结存			本期完工			本期销售		
	数量	单位成本	总成本	数量	单位成本	总成本	数量	单位成本	总成本
BX618									
JK308									

表 2-1-53 (1/2)

内 部 转 账 单

转账日期 2017 年 12 月 31 日

摘 要	转 账 项 目	金 额
结转到本年利润账户	主营业务收入	
结转到本年利润账户	营业外收入	
结转到本年利润账户	其他业务收入	

表 2-1-53 (2/2)

内 部 转 账 单

转账日期 2017 年 12 月 31 日

摘 要	转 账 项 目	金 额
结转到本年利润账户	主营业务成本	
结转到本年利润账户	主营业务税金及附加	
结转到本年利润账户	其他业务支出	
结转到本年利润账户	营业费用	
结转到本年利润账户	管理费用	
结转到本年利润账户	财务费用	
结转到本年利润账户	营业外支出	

表 2-1-54

应交所得税计算表

2017 年 12 月 31 日

利润总额	调整项目金额	应纳税所得额	税率	应纳所得税额
			25%	

注：计算全年应交所得税，1—11 月税前利润总额为 240 000 元。

表 2-1-55

内 部 转 账 单

2017 年 12 月 31 日

摘 要	金 额
将所得税结转本年利润	

表 2-1-56

内 部 转 账 单

2017 年 12 月 31 日

摘　　　　要	金　　额
将本年利润结转未分配利润	

表 2-1-57

利润分配计算表

2017 年 12 月 31 日

利润分配项目	分配依据	提取比例	分配金额
提取法定盈余公积		10%	
提取任意盈余公积		5%	

表 2-1-58

内 部 转 账 单

2017 年 12 月 31 日

摘　　要	转账项目	金　　额
结转到"利润分配——未分配利润"明细账	利润分配——提取盈余公积	
	利润分配——提取任意盈余公积	

三、实训要求

1. 根据实训资料开设总账、明细账，并登记期初余额。
2. 根据实训资料所给的原始凭证编制记账凭证。
3. 根据记账凭证或有关原始凭证登记日记账和相关明细账。
4. 月末，根据记账凭证编制科目汇总表，并登记总账。
5. 将总账与相关明细账进行核对，并编制总分类账户本期发生额和余额试算平衡表。
6. 月末，根据总账及明细账资料编制 2017 年 12 月份的资产负债表和利润表。
7. 实训用凭证、账页：通用记账凭证 100 页；总账 50 页；三栏式明细账 60 页；现金、银行存款日记账各 1 页；数量金额式明细账 30 页；应交增值税明细账 1 页；多栏明细账 10 页；科目汇总表 2 页；总分类账本期发生额和余额试算平衡表 2 页；资产负债表、利润表各 1 张；记账凭证封面 1 张。

实训二　商品流通企业会计综合实训

一、实训目的

通过对商品流通企业会计模拟实训，在掌握工业企业会计核算基本技能和方法的基础上，进一步掌握商品流通企业会计核算的特点。商品流通企业与工业企业的主要区别是：由于经营活动的形式不同，经济业务发生也有所不同，工业企业是以供应、生产、销售为主线展开经营活动的，而商品流通企业则是以购进商品、销售商品为主线展开经营活动的。因此，本实训主要是围绕商品流通企业商品购、销、存活动设计经济业务，目的是使学生更好地理解和掌握商品流通企业会计核算的方法和技能。

二、实训资料

（一）模拟实训企业基本资料

企业主体：大连金华办公设备有限责任公司

经营地址：大连市高新园区 508 号

电话：0411—84829361

经销商品：电脑、打印机、扫描仪、传真机和复印机等

经营方式：零售、零售价均为含税价

开户银行：中国建设银行园区支行

账号：8032420190

核算形式：数量售价金额核算，采用商品进销综合差价率，库存商品采用个别计价核算方式

税务登记：一般纳税人，增值税税率17％，开具普通发票均为含税价格。

增值税纳税号为：210204242025900

会计期间：2017 年 12 月 1 日至 12 月 31 日

公司内部机构设置及职责：

商务部：订货及批发销售业务；

营销部：零售业务；

技术部：设备调试及售后服务；

财务部：财务管理与会计核算。

财务部分工：出纳员（谷玉中）：负责现金、银行存款的日常收付核算；

记账员（张单）：负责其他业务的日常核算及库存商品、往来、收入、费用等明细账的登记；

主管会计（曲红）：负责总账的登记、申报纳税和编制会计报表；

保管员（张宏）：负责库存商品的收、发、存的实物管理。

企业财务专用章、银行预留印鉴：见上右图。

（二）模拟实训企业会计相关资料

1. 2017年12月1日总账账户余额见表2-2-1、表2-2-2。

表2-2-1

资产总分类账户	借方余额	贷方余额	负债所有者权益总分类账户	借方余额	贷方余额
库存现金	800		短期借款		100 000
银行存款	970 000		应付账款		69 368.7
应收账款	150 000		预收账款		67 000
坏账准备		2 250			
			应交税费		2 960
其他应收款	8 600		应付职工薪酬		4 500
商品采购	20 000		其他应付款		2 300
库存商品	333 227.70		应付利息		6 000
商品进销差价		116 000	实收资本		1 600 000
存货跌价准备		65 000	资本公积		34 000
固定资产	1 070 011		盈余公积		120 000
累计折旧		94 180	利润分配		320 000
无形资产	45 000				
合　　计	2 597 638.70	277 430	合　　计	2 960	2 323 168.70
	2 302 208.70				2 320 208.70

表2-2-2

损益类账户	1—11月份损益类账户发生额累计数	1—12月份损益类账户发生额累计数
主营业务收入	5 980 000	
主营业务成本	5 197 000	
税金及附加	15 400	
销售费用	233 000	
管理费用	210 200	
财务费用	24 400	
本年利润	300 000	

该企业利润的计算采用年结法,1—11月份的损益类账户发生额已转入"本年利润"账户。

2. "库存商品"明细账期初余额资料见表2-2-3。

表2-2-3

商品名称	型号 规格	结存数量	单位进价（不含税）	单位售价（含税价）	余 额
电 脑	宏基9100——M	5台	12 200	14 976	74 880
	联想奔月4000	10台	10 100	12 517.83	125 178.3
扫描仪	宏基640P	10台	540	690.3	6 903
传真机	飞利浦241	5台	2 000	2 644.2	13 221
	兄弟315	3台	1 400	1 708.2	5 124.6
打印机	爱普生C40	2台	620	725.4	1 450.8
	爱普生C20	2台	850	994.50	1 989
	爱普生1600K	5台	2 760	3 393	16 965
复印机	东芝3210	1台	42 500	53 586	53 586
	施乐2015	2台	11 300	16 965	33 930
合 计					333 227.7

3. 2017年12月发生如下经济业务（商品购入全部为机开增值税专用发票，进价为不含税价格；销售商品分为普通发票和机开增值税专用发票两种）：

（1）12月1日，从大连联想电脑公司购入天鹊180台式电脑20台，单位进价5 980元，以支票付款。商品已验收入库，单位售价8 073元（见表2-2-4）。

（2）12月2日，从本市拓金复印机经销公司购入施乐V2015复印机2台，单位进价13 200元，货款暂欠。商品已验收入库，单位售价16 965元（见表2-2-5）。

（3）12月3日，用电汇结算方式收回沈阳财经学院前欠购电脑款26万元（见表2-2-6）。

（4）12月3日，本公司汽车购93号汽油25升，单价4.20元，以现金结算（见表2-2-7）。

（5）12月5日，工商管理学院购联想天鹊180电脑20台，单位售价8 073元，开出普通发票两张（每10台一张），并收到支票一张，货款161 460元。工商管理学院地址：中山区北京街5号；开户银行：商业银行中山支行，账号：6874523009（见表2-2-8）。

（6）12月5日，零售爱普生1600K打印机2台，单位售价3 393元；爱普生C20打印机2台，单位售价994.50元。收入现金并送交银行。

（7）12月7日，从北京金迪尔电子有限公司购入宏基（ACER）3200—M电脑10台，单位进价11 000元，以电汇方式结算。商品已验收入库，单位售价13 221元（见表2-2-9）。

（8）12月8日，华联商业集团购买东芝复印机1台，单位售价53 586元，开出增值税专用发票一张，货款收到，支票一张，并已存入银行。华联商业集团地址：大连西岗区北京街135号；税务登记号：210875943986142；开户银行：商业银行西岗支行；账号：7809321780（见表2-2-10）。

（9）12月9日，从深圳华讯科技有限公司购入飞利浦241传真机8台，单位进价2 000元，货款已办理电汇结算。商品已验收入库，单位售价2 644.20元（见表2-2-11）。

（10）12月9日，公司准备参加市教委采购电脑等办公设备的政府采购投标，购标书支付现金500元（见表2-2-12）。

（11）12月10日，建设银行园区支行转来公司存款利息162.15元（见表2-2-13）。

（12）12月12日，市教委购奔月电脑10台，单位售价12 517.83元；飞利浦241传真机2台，单位售价2 644.20元；爱普生C40打印机2台，单位售价725.40元。开出普通发票2张，货款暂欠。

（13）12月13日，零售宏基640P扫描仪5台，单位售价690.30元；宏基9100M电脑1台，单位售价14 976元。货款收取现金并已送存银行。

（14）12月14日，单位食堂购入一台烤箱、一台冰箱、一台微波炉。已分别用支票支付（见表2-2-14、表2-2-15、表2-2-16）。

（15）12月15日，发放本月工薪（见表2-2-30）。

（16）12月15日，支付广告费1 495.44元（见表2-2-17）。

（17）12月16日，从沈阳益通电脑网络有限公司购入爱普生（EPSON）C40打印机10台，单位进价545元，货款暂欠。商品验收入库时，发现短缺一台，经查原因属对方少发货，其他9台已验收入库，单位售价725.4元（见表2-2-18）。

（18）12月17日，12月7日从北京金迪尔电子有限公司购入的宏基3200—M电脑型号不对，应为9100—M，经双方协商同意退货（见表2-2-19）。

（19）12月18日，以支票结算大连市中山区石军汽车货运户上半月运费870元（见表2-2-20）。

（20）12月20日，零售双立打印社飞利浦241传真机5台，单位售价2 644.2元，开出普通发票一张，货款收到现金，并送存银行。

（21）12月22日，从联想电脑公司购入天鹄180电脑50台，单位进价5 980元，以支票支付货款。商品已验收入库，单位售价8 073元（见表2-2-21）。

（22）12月23日，育英小学购买联想电脑（天鹄180）10台，单位售价8 073元，开出普通发票一张，货款收到支票，并已存入银行（见表2-2-22）。

（23）12月25日，零售联想电脑（天鹄180）20台，单位售价8 073元；爱普生C40打印机2台，单位售价725.4台。货款收到现金已送存银行。

（24）12月26日，星海游乐园购买爱普生1600K打印机1台，单位售价3 393元；宏基9100—M电脑3台，单位售价14 976元；开出增值税专用发票一张。货款已收到支票，并存入银行。星海游乐园地址：大连市沙河口区星海街40号；税务登记号：210985749376810；开户银行：工商银行星海支行；账号：4895672012（见表2-2-23）。

(25) 12月27日，从联想电脑购入20台逐月2000电脑，单位进价6 600元；以支票付款。商品已验收入库，单位售价7 930元（见表2-2-24）。

(26) 12月28日，零售兄弟315传真机3台，原单位售价1 708.20元；现降价为1 500元，开出普通发票一张。货款收到现金，已存入银行（调价业务）。

(27) 12月28日，公司用支票缴纳物业管理费1 000元（见表2-2-25）。

(28) 12月29日，银行转来特约委托收款凭证公司本月电话费632.86元（见表2-2-26）。

(29) 12月29日，零售联想电脑（天鹊180）15台，单位售价8 073元。货款收到现金，已送存入银行。

(30) 12月30日，年末盘点库存商品，发生短缺爱普生C40打印机2台，单位售价725.4元。经查，属已售漏记账，现转入待处理财产损溢。处理意见为冲减管理费用。从沈阳益通电脑网络购入时，少发货一台，处理转入应收账款。

(31) 12月30日，支付招待费1 380元，以支票结算（见表2-2-27）。

(32) 12月30日，计提本月固定资产折旧。（见表2-2-31）

(33) 12月30日，用支票支付本月职工养老保险费6 800元（见表2-2-28）。

(34) 12月30日，计提年末库存商品跌价准备5 000元。

(35) 12月30日，计算并调整已销商品进销差价。

(36) 12月30日，计提本月银行贷款利息2 500元；同时收到银行转来的贷款利息凭证7 500元（见表2-2-29）。

(37) 12月30日，计算本月应缴纳的增值税、城市建设维护税、教育费附加（10%）。

(38) 12月30日，计算并结转本月利润。

(39) 12月30日，计算并结转本月所得税（税率为25%）。

(40) 分配利润，按全年净利润的10%计提法定盈余公积。

4. 大连金华办公设备经销有限公司12月份外来原始凭证见表2-2-4至表2-2-29。

表 2-2-4　　　　　　　　辽宁增值税专用发票　　　　No.02405994

发　票　联　　　开票日期：2017 年 12 月 1 日

购货单位	名　　称：大连金华办公设备有限责任公司	密码区	（略）
	纳税人识别号：21024242025900266		
	地址、电话：大连高新园区 508 号 84829361		
	开户行及账号：中国建设银行园区支行 8032420190		

货物或应税劳务名称	规格型号	单位	数　量	单　价	金　　额	税率	税　　额
联想电脑	天鹅180	台	20	5 980.00	119 600.00	17%	20 332.00
合　　　计					119 600.00		20 332.00

价税合计（大写）	壹拾叁万玖仟玖佰叁拾贰元整	（小写）¥139 932.00

销货单位	名　　称：大连联想电脑有限公司	备注
	纳税人识别号：210659870321098331	
	地址、电话：大连市西岗区人民路 9 号 87690450	
	开户行及账号：商业银行西岗支行 1098908673	

销货单位：（章）　　收款人：赵红　　复核：宁宁　　开票人：王会

表 2-2-5　　　　　　　　辽宁增值税专用发票　　　　No.00001465

发　票　联　　　开票日期：2017 年 12 月 2 日

购货单位	名　　称：大连金华办公设备有限责任公司	密码区	（略）
	纳税人识别号：21024242025900266		
	地址、电话：大连高新园区 508 号 84829361		
	开户行及账号：中国建设银行园区支行 8032420190		

货物或应税劳务名称	规格型号	单位	数　量	单　价	金　　额	税率	税　　额
复印机	施乐 V2015	台	2	13 200.00	26 400.00	17%	4 488.00
合　　　计					26 400.00		4 488.00

价税合计（大写）	叁万零捌佰捌拾捌元整	（小写）¥30 888.00

销货单位	名　　称：拓金复印机经销公司	备注
	纳税人识别号：210678453209822354	
	地址、电话：大连市沙河口区太原街 100 号 86908765	
	开户行及账号：工商银行太原街支行 3568907612	

销货单位：（章）　　收款人：宋洋　　复核：王芳菲　　开票人：张化学

表 2-2-6

中国工商银行信汇凭证（回单） 4

委托日期 2017 年 12 月 3 日

汇款人	全 称	沈阳财经学院	收款人	全 称	大连金华办公设备有限公司
	账号或住址	沈阳市北陵大街 34 号 工商银行沈河支行 3750816740		账号或住址	大连高新园区 508 号 中国建设银行园区支行 8032420190
	汇出地点	沈阳市		汇入地点	大连市
	汇出行全称	工商银行沈河支行		汇入行全称	中国建设银行园区支行

金额	人民币（大写）	贰拾陆万元整	百	十万	千	百	十	元	角	分
			¥ 2	6	0	0	0	0	0	0

款项已汇入收款人账户

中国建设银行园区支行处 2017.12.3.

汇入行签章

支付密码

附加信息及用途

复核　　记账

此联给收款人收账通知

表 2-2-7

辽宁增值税普通发票

发 票 联

No 45894844

开票日期：2017 年 12 月 03 日

购货单位	名　　称：大连金华办公设备有限责任公司 纳税人识别号：21024242025900266 地址、电话：大连高新园区 508 号 84829361 开户行及账号：中国建设银行园区支行 8032420190	密码区	（略）

货物或应税劳务名称	规格型号	单位	数量	单价	金　额	税率	税　额
汽油					101.94	3%	3.06
合　计					101.94		3.06

价税合计（大写）	壹佰零伍元整	（小写）¥105.00

销货单位	名　　称：中国石油大连销售分公司 纳税人识别号：210202716951354731 地址、电话：大连市滨海路 58 号 开户行及账号：工行滨海路支行 2589469	备注	中国石油大连销售分公司 210202716951354731 发票专用章

收款人：秦丽芳　　复核：　　开票人：陈同　　销货单位：（章）

第二联：发票联　购货方记账凭证

表 2-2-8　　　　　　大连银行**转账支票**（辽）　　　支票号码 No.2986048600

出票日期（大写） 贰零壹柒年壹拾贰月零伍日　　付款行名称：中山支行
收款人：大连金华办公设备有限公司　　　　　出票人账号：6874523009

	人民币	亿	千	百	十	万	千	百	十	元	角	分
	（大写）壹拾陆万壹仟肆佰陆拾元整			¥	1	6	1	4	6	0	0	0

本支票付款期限十天

用途＿＿＿＿
上列款项请从
我账户内支付
出票人签章

财务专用章

表 2-2-9　　　　　　**北京增值税专用发票**　　　No. 06405954
　　　　　　　　　　　　发　票　联　　　开票日期：2017年12月7日

购货单位	名　　称：大连金华办公设备有限责任公司 纳税人识别号：21024242025900266 地　址、电　话：大连高新园区508号 84829361 开户行及账号：中国建设银行园区支行 8032420190	密码区	（略）

货物或应税劳务名称	规格型号	单位	数量	单价	金额	税率	税额
宏基电脑	3200-M	台		11 000.00	110 000.00	17%	18 700.00
合　　计					110 000.00		18 700.00

价税合计（大写）	贰拾贰万捌仟柒佰元整	（小写）¥128 700.00

销货单位	名　　称：北京金迪尔电子有限公司 纳税人识别号：110234568902344434 地　址、电　话：北京市海淀区朝阳里133号 010-27690450 开户行及账号：工商银行北京海淀支行 8907654302	备注

销货单位：（章）　　收款人：刘玲　　复核：张芳芳　　开票人：姜伟

表2-2-10　　　　　　　　　大连银行**转账支票**(辽)　　　　支票号码 No.0909867369

出票日期(大写)　贰零壹柒年壹拾贰月零捌日　　　付款行名称:西岗支行
收款人:大连金华办公设备有限公司　　　　　　　出票人账号:7809321780

本支票付款期限十天

人民币
(大写):伍万叁仟伍佰捌拾陆元整　　¥ 53586.00

用途＿＿＿
上列款项请从
我账户内支付
出票人签章

财务专用章

表2-2-11　　　　　　　　　广东增值税专用发票　　　　　　　No.05405092
　　　　　　　　　　　　　　　发　票　联　　　　　　开票日期:2017年12月9日

购货单位	名　　称:大连金华办公设备有限责任公司 纳税人识别号:21024242025900266 地址、电话:大连高新园区508号 84829361 开户行及账号:中国建设银行园区支行 8032420190	密码区	(略)

货物或应税劳务名称	规格型号	单位	数　量	单　价	金　　额	税率	税　　额
传真机	飞利浦241	台		2 000.00	16 000.00	17%	2 720.00
合　　计					16 000.00		2 720.00

价税合计(大写)	壹万捌仟柒佰贰拾元整	(小写)¥18 720.00

销货单位	名　　称:深圳华讯科技有限公司 纳税人识别号:110689453782958754 地址、电话:深圳南山区华盛路45号 开户行及账号:商业银行西强支行 5890456324	备注	

销货单位:(章)　　收款人:王强　　复核:李小伟　　开票人:刘佳

表 2-2-12　　　　　**行政事业单位往来款专用收据**　　　　　No.0085774

辽财政监大字第 023 号

2017 年 12 月 9 日

付款单位(或交款人)	大连金华办公设备有限公司		付款方式	现金							
收款项目	数　量	收款标准	金　　额								
			十万	千	百	十	元	角	分		
标书款	5	100.00			¥	5	0	0	0	0	
合　计					¥	5	0	0	0	0	
金额(大写)	零拾零万零仟伍佰零拾零元零角零分										

收款单位(盖章)：　　　　　　　　　　　　　　　　收款人：张红江

三、给付款单位作收据

表 2-2-13　　　　　**建设银行 存款利息回单**

2017 年 12 月 10 日

账　号	803245210100136	收款单位	账　号	8032420190
户　名	利息支出		户　名	大连金华办公设备有限公司
开户银行			开户银行	建行园区支行
积数：		利率：　　‰	利息 162.15	

_____户第　　季度利息

银行盖章

收账通知

表 2-2-14

辽宁增值税普通发票

发　票　联

No 45473967

开票日期：2017 年 12 月 14 日

购货单位	名　　称：大连金华办公设备有限责任公司				密码区	(略)		
	纳税人识别号：21024242025900266							
	地址、电话：大连高新园区 508 号 84829361							
	开户行及账号：中国建设银行园区支行 8032420190							
货物或应税劳务名称	规格型号	单位	数量	单价	金　额	税率	税　额	
电冰箱					6 019.42	3%	180.58	
合　　计					6 019.42		180.58	
价税合计(大写)	陆仟贰佰元整				(小写) ¥6 200.00			
销货单位	名　　称：大连一方电器商场				备注	210202716977339393		
	纳税人识别号：210202716977339393							
	地址、电话：大连市滨海路 769 号							
	开户行及账号：工行滨海路支行 2555588							

收款人：江山　　复核：　　开票人：杨文　　销货单位：(章)

第二联：发票联　购货方记账凭证

表 2-2-15

辽宁增值税普通发票
发票联

No 45473465

开票日期：2017 年 12 月 14 日

购货单位	名称：大连金华办公设备有限责任公司 纳税人识别号：21024242025900266 地址、电话：大连高新园区 508 号 84829361 开户行及账号：中国建设银行园区支行 8032420190	密码区	（略）		
货物或应税劳务名称	规格型号	单位	数量	单价	金额	税率	税额
微波炉					1 941.75	3%	58.25
合 计					1 941.75		58.25
价税合计（大写）	贰仟元整				（小写）¥2 000.00		
销货单位	名称：大连华阳电器商场 纳税人识别号：210202716971122554 地址、电话：大连市滨海路 98 号 开户行及账号：工行滨海路支行 2557691	备注			

收款人：李大海　　复核：　　开票人：杜梅　　销货单位：（章）

表 2-2-16

辽宁增值税普通发票
发票联

No 45473159

开票日期：2017 年 12 月 14 日

购货单位	名称：大连金华办公设备有限责任公司 纳税人识别号：21024242025900266 地址、电话：大连高新园区 508 号 84829361 开户行及账号：中国建设银行园区支行 8032420190	密码区	（略）		
货物或应税劳务名称	规格型号	单位	数量	单价	金额	税率	税额
电烤箱					2 718.45	3%	81.55
合 计					2 718.45		81.55
价税合计（大写）	贰仟捌佰元整				（小写）¥2 800.00		
销货单位	名称：大连利民电器商场 纳税人识别号：210202716955839237 地址、电话：大连市山上路 93 号 开户行及账号：工行山上路支行 2557444	备注			

收款人：谷阳　　复核：　　开票人：王红娟　　销货单位：（章）

表 2-2-17

辽宁增值税普通发票
发票联

No 45473297

开票日期：2017 年 12 月 14 日

购货单位	名　　称：大连金华办公设备有限责任公司 纳税人识别号：21024242025900266 地址、电话：大连高新园区 508 号 84829361 开户行及账号：中国建设银行园区支行 8032420190	密码区	（略）

货物或应税劳务名称	规格型号	单位	数量	单价	金额	税率	税额
广告费					1 451.88	3%	43.56
合　计					1 451.88		43.56

价税合计（大写）	壹仟肆佰玖拾伍元肆角肆分	（小写）¥1 495.44

销货单位	名　　称：大连宏达广告公司 纳税人识别号：210202716936756254 地址、电话：大连市人民路 149 号 开户行及账号：工行人民路支行 2554769	备注	（发票专用章）

收款人：于龙　　复核：　　开票人：江林林　　销货单位：（章）

表 2-2-18

辽宁增值税专用发票
发票联

No. 0006467

开票日期：2017 年 12 月 16 日

购货单位	名　　称：大连金华办公设备有限责任公司 纳税人识别号：21024242025900266 地址、电话：大连高新园区 508 号 84829361 开户行及账号：中国建设银行园区支行 8032420190	密码区	（略）

货物或应税劳务名称	规格型号	单位	数量	单价	金额	税率	税额
打印机	爱普生 C40	台	10	545.00	5 450.00	17%	926.50
合　计					5 450.00		926.50

价税合计（大写）	陆仟叁佰柒拾陆元伍角整	（小写）¥6 376.50

销货单位	名　　称：沈阳益通网络有限公司 纳税人识别号：301857943974278225 地址、电话：沈阳南湖科技开发区 10 号 024-68753421 开户行及账号：招商银行沈阳分行科技开发区支行 8690453758	备注	（发票专用章）

销货单位：（章）　　收款人：王强　　复核：李小伟　　开票人：刘金

表 2-2-19

北京增值税专用发票
发 票 联

No. 06405963

开票日期：2017 年 12 月 17 日

购货单位	名　　　称：大连金华办公设备有限责任公司 纳税人识别号：21024242025900266 地　址、电话：大连高新园区 508 号 84829361 开户行及账号：中国建设银行园区支行 8032420190	密码区	（略）

货物或应税劳务名称	规格型号	单位	数量	单　价	金　　额	税率	税　　额
宏基电脑	3200-M	台	10	11 000.00	110 000.00	17%	17 800.00
合　　　计					110 000.00		17 800.00

价税合计（大写）	壹拾贰万捌仟柒佰元整	（小写）¥128 700.00

销货单位	名　　　称：北京金迪尔电子有限公司 纳税人识别号：110234568902344543 地　址、电话：北京市海淀区朝阳里 133 号 010-27690450 开户行及账号：工商银行海淀支行 8907654302	备注	冲减 12 月 7 日购货 （红字）

销货单位：（章）　　收款人：刘玲　　复核：张芳芳　　开票人：姜伟

第三联：发票联　购货方记账凭证

表 2-2-20

辽宁增值税普通发票
发 票 联

No 45793546

开票日期：2017 年 12 月 18 日

购货单位	名　　　称：大连金华办公设备有限责任公司 纳税人识别号：21024242025900266 地　址、电话：大连高新园区 508 号 84829361 开户行及账号：中国建设银行园区支行 8032420190	密码区	（略）

货物或应税劳务名称	规格型号	单位	数量	单　价	金　　额	税率	税　　额
运费					844.66	3%	25.34
合　　　计					844.66		25.34

价税合计（大写）	捌佰柒拾元整	（小写）¥870.00

销货单位	名　　　称：大连市中山区石军汽车运输公司 纳税人识别号：210202716297865228 地　址、电话：大连市中山区中南路 49 号 开户行及账号：工行中南路支行 2557955	备注	

收款人：宋瑛　　复核：　　开票人：管红玲　　销货单位：（章）

第二联：发票联　购货方记账凭证

表2-2-21 **辽宁增值税专用发票** No.02405997

发 票 联　　开票日期：2017年12月22日

购货单位	名称：大连金华办公设备有限责任公司	密码区	略
	纳税人识别号：21024242025900266		
	地址、电话：大连高新园区508号 84829361		
	开户行及账号：中国建设银行园区支行 8032420190		

货物或应税劳务名称	规格型号	单位	数量	单价	金额	税率	税额
联想电脑	天鹊180	台	50	5 980.00	299 000.00	17%	50 830.00
合计					299 000.00		50 830.00

价税合计（大写）	叁拾肆万玖仟捌佰叁拾元整	（小写）¥349 830.00

销货单位	名称：大连联想电脑有限公司	备注
	纳税人识别号：210659870321098331	
	地址、电话：大连市西岗区人民路9号 87690450	
	开户行及账号：商业银行西岗支行 1098908673	

销货单位：（章）　　收款人：赵红　　复核：宁宁　　开票人：王会

第三联：发票联　购货方记账凭证

表2-2-22 **中国工商银行转账支票**（辽）　　支票号码 No.0290758

出票日期(大写)：贰零壹柒年壹拾贰月贰拾叁日　　付款行名称：青泥支行

收款人：金华办公设备有限公司　　出票人账号：2802650010

人民币	亿	千	百	十	万	千	百	十	元	角	分
（大写）：捌万零柒佰叁拾元整				¥	8	0	7	3	0	0	0

本支票付款期限十天

用途＿＿＿＿
上列款项请从
我账户内支付
出票人签章

财务专用章　　记账

表 2-2-23　　　　　中国工商银行**转账支票**(辽)　　　支票号码 No.0387695008

出票日期(大写) 贰零壹柒年壹拾贰月贰拾陆日　　　付款行名称:星海支行
收款人:大连金华办公设备有限公司　　　　　　　　出票人账号:4895672012

人民币	亿	千	百	十	万	千	百	十	元	角	分
(大写): 肆万捌仟叁佰贰拾壹元整				¥	4	8	3	2	1	0	0

本支票付款期限十天

用途__
上列款项请从
我账户内支付　　　　　　　　财务专用章
出票人签章

表 2-2-24　　　　　**辽宁增值税专用发票**　　　　No.02405999
　　　　　　　　　　　发　票　联　　　开票日期:2017 年 12 月 27 日

购货单位	名　　称: 大连金华办公设备有限责任公司　　纳税人识别号:21024242025900266　　地　址、电　话:大连高新园区508号 84829361　　开户行及账号:中国建设银行园区支行8032420190	密码区	(略)

货物或应税劳务名称	规格型号	单位	数量	单价	金额	税率	税额
联想电脑	逐月	台	20	6 600.00	132 000.00	17%	22 440.00
合　　计					132 000.00		22 440.00
价税合计(大写)	壹拾伍万肆仟肆佰肆拾元整				(小写)¥154 440.00		

销货单位	名　　称: 大连联想电脑有限公司　　纳税人识别号:210659870321098331　　地　址、电　话:大连市西岗区人民路9号 87690450　　开户行及账号:商业银行西岗支行1098908673	备注	

销货单位:(章)　　收款人:赵红　　复核:宁宁　　开票人:王会

第三联:发票联　购货方记账凭证

表 2-2-25

大连市工商系统监制
专 用 收 据

辽财政监大字第 017 号　　　　　2017 年 12 月 28 日　　　　　0260699

缴款单位（缴款人）	大连高新园区金华办公设备有限公司	收款单位（收款人）	园区分局高新技术产品市场管理所							
收费项目		收费标准		金额						
				十万	千	百	十	元	角	分
管理费		100 元/月		¥	1	0	0	0	0	0
人民币（大写）合计 壹仟元整				¥	1	0	0	0	0	0
收款人：毕可建　15:27:03		现金								

第三联　缴款单位报销凭证

说明：1. 以上各联"收费标准"一栏须填写复合式收费标准，比如：元/月，元/人，元/件等。
　　　2. 本收据为一式三联，不得涂改，如写错，不得撕掉，以保留备查。

表 2-2-26（1/2）　　**同城特约委托收款专用发票**　　0008156

委托日期 2017 年 12 月 29 日　　　　　委托号码：

付款人	全称	大连金华办公设备有限公司	收款人	全称	中国联通有限公司大连分公司									
	账号或地址	803242019002090		账号或地址	651382600058860									
	开户银行	商行高新园区支行星海营业所		开户银行	中信银行西岗支行　行号:6513									
委收金额	人民币（大写）	壹佰壹拾叁元柒角整				千	百	十	万	千	百	十	元	角	分
										¥	1	1	3	7	0
款项内容	IP 电话:113.70		单证张数	1	合同号码	30200117								
备注														
通话周期:2017-11-21—2017-12-20				收款单位盖章										

报销凭证

表2－2－26(2/2)

| 移动通信专用 |

特种委托收款结算凭证（支款通知/代收据）

0121569

委托日期 2017 年 12 月 29 日

据大银会便字〈2011〉6 号文见单付款

付款人	全 称	大连金华办公设备有限责任公司		收款人	全 称	辽宁移动通信有限责任公司大连分公司
	账号或地址	803242019002090			账 号	800412019008883
	开户银行	建设银行高新园区			开户银行	大连银行西岗支行
委收金额	人民币（大写）	伍佰壹拾玖元壹角陆分				￥519.16

款项内容		电信资费		协议号	13804262831	附寄单证张数	
通话费	￥436.7	月租费	￥50	代收据	付款人注意： 1. 根据结算方式规定，上列委托收款，如在付款期限内未拒付时，即视同全部同意付款，以此联代付款通知。 2. 如需提前付款或多付款时，应另写书面通知送银行办理。 3. 如系全部或部分拒付，应在付款期限内另填拒绝付款理由书送银行办理。		
长话费	￥22.26	168	￥0				
漫游费	￥0.2	特服费	￥10				
欠费		滞纳金					
其他	￥0						

单位主管　　　会计　　　复核　　　记账　　　付款人开户行盖章　　　年　月　日

③此联付款人开户银行给付款人按期付款的通知

表2－2－27

辽宁增值税普通发票

发票联

No. 45791479

开票日期：2017 年 12 月 30 日

购货单位	名　　称	大连金华办公设备有限责任公司	密码区	（略）
	纳税人识别号：21024242025900266			
	地址、电话：大连高新园区508号 84829361			
	开户行及账号：中国建设银行园区支行 8032420190			

货物或应税劳务名称	规格型号	单位	数量	单价	金　额	税率	税　额
餐费					1 339.81	3%	40.19
合　　计					1 339.81		40.19

价税合计(大写)	壹仟叁佰捌拾元整	（小写）￥1 380.00

销货单位	名　　称	大连市新华大酒店	备注
	纳税人识别号：210202716279846744		
	地址、电话：大连市中山区解放路158号		
	开户行及账号：工行解放路支行 2536748		

收款人：林立乐　　　复核：　　　开票人：张玉　　　销货单位：(章)

第二联：发票联　购货方记账凭证

表 2-2-28   社会保障基金专用收据(邮寄)   No.0349054

缴款日期：2017 年 12 月 30 日　　　征收机关：地税　　　大地税征：

纳税人识别号	210204242025900	社保单位编号	0152
纳税(缴费)人名称	大连金华办公设备有限公司	结算方式	转账
职工医疗保险费			
金额合计(大写)	陆仟捌佰元整		￥6 800.00
税务机关（盖章）	收款单位（盖章）	填票人：宋春昊	费款属性：正常缴费	备注：

付款单位记账凭证

表 2-2-29

中国工商银行兴安支行贷款利息凭证

2017 年 12 月 30 日

5. 大连金华办公设备有限公司 12 月份自制原始凭证如下：
（1）银行支票 10 张（其中转账支票 9 张、现金支票 1 张）；
（2）电汇凭证 2 张；
（3）进账单 4 张；
（4）现金交款单 6 张；
（5）增值税专用发票 2 张；

（6）商业零售普通发票 7 张；

（7）商品验收单 7 张；

（8）商品出库单 12 张；

（9）工薪支付明细表 1 张；

（10）固定资产折旧计算表 1 张；

（11）商品购进短缺溢余报告单 1 张；

（12）商品调价差额计算单 1 张；

（13）商品盘点短缺溢余报告单 1 张；

（14）商品日销售表 4 张；

（15）已销商品进销差价计算表 1 张；

（16）含税商品销售收入进项税额分解表 1 张；

（17）应交城市维护建设税、教育费附加计算表 1 张；

（18）应交所得税计算表 1 张；

（19）利润分配计算表 1 张。

(1)银行支票 10 张

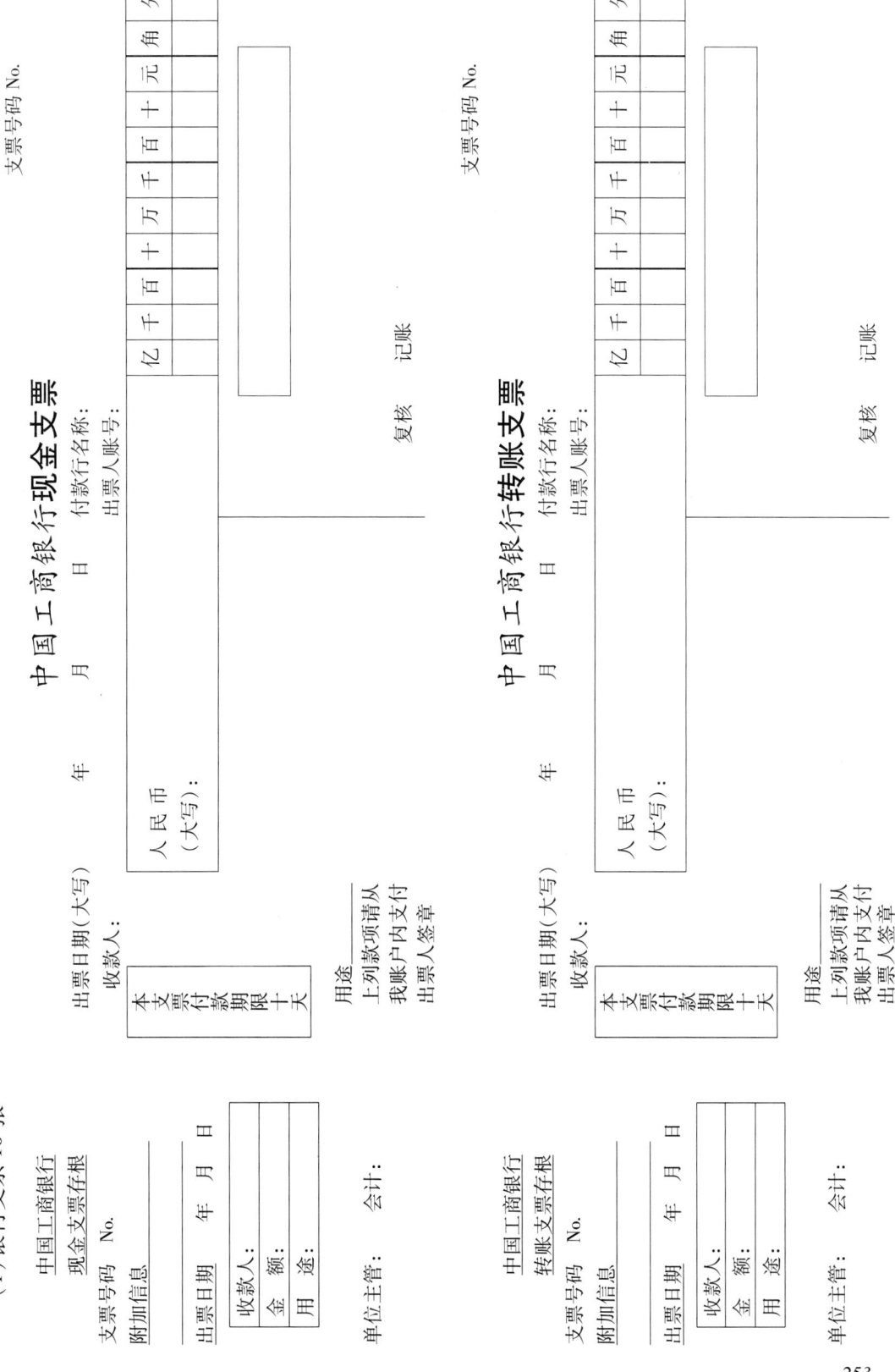

253

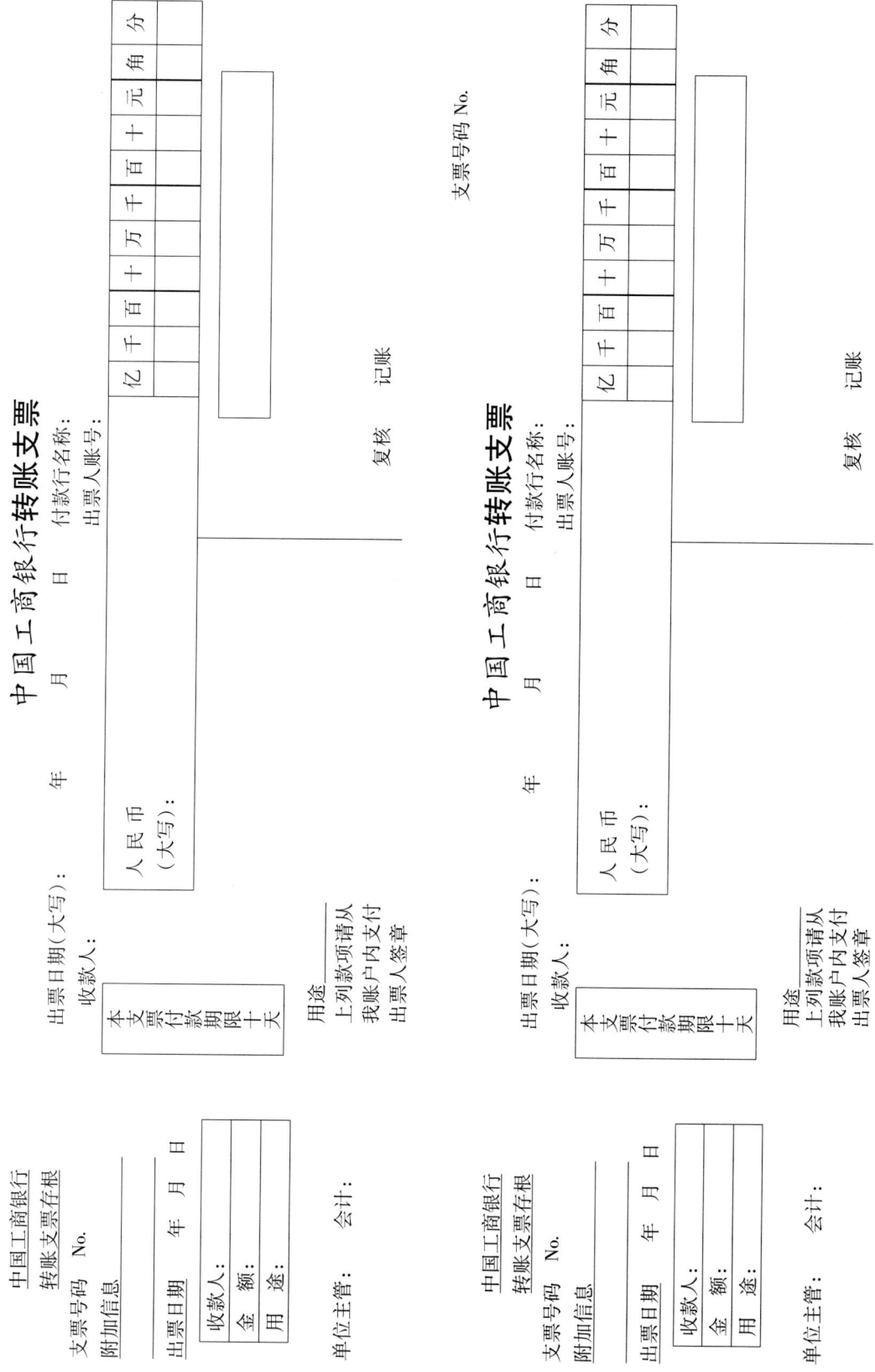

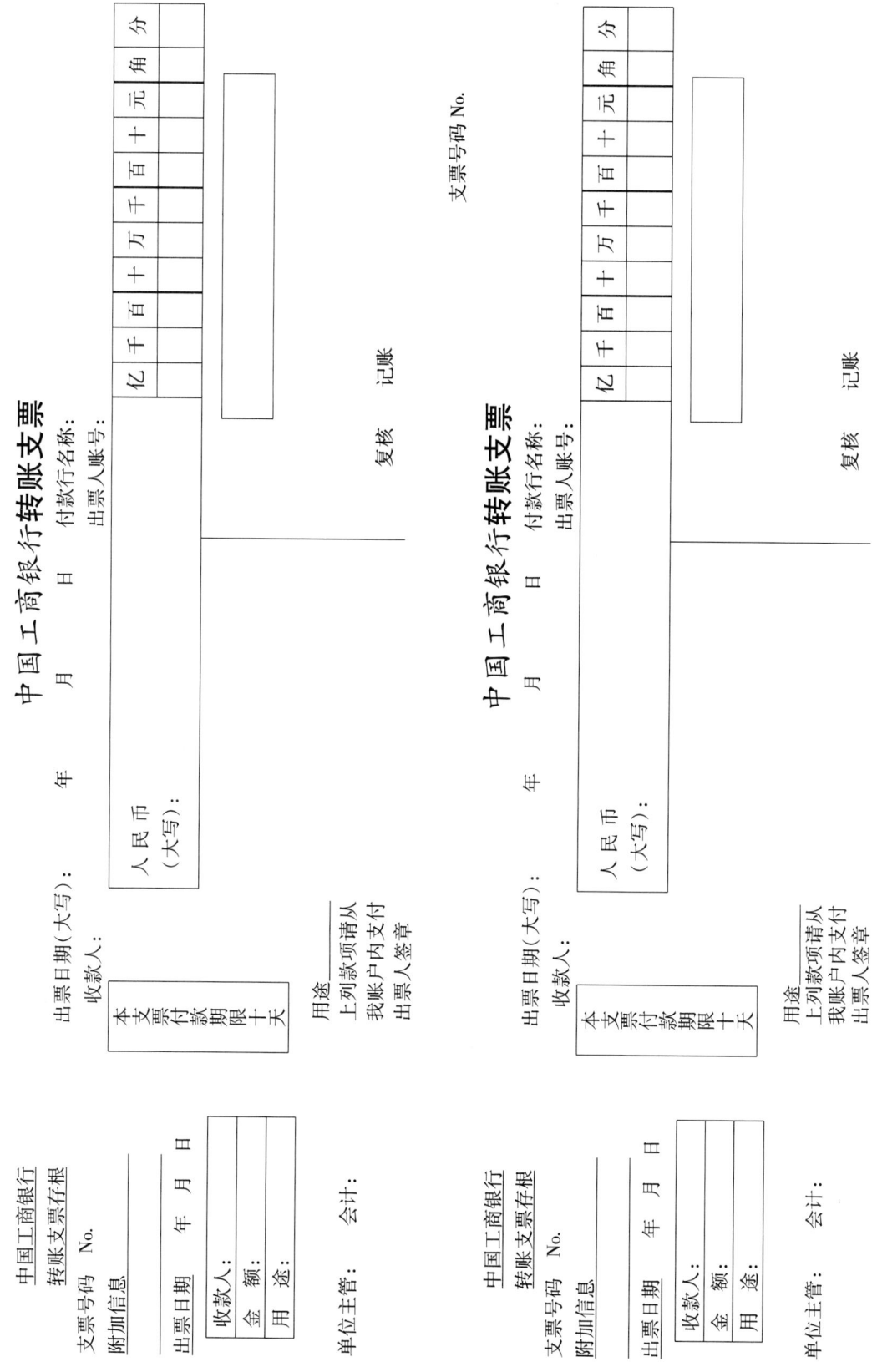

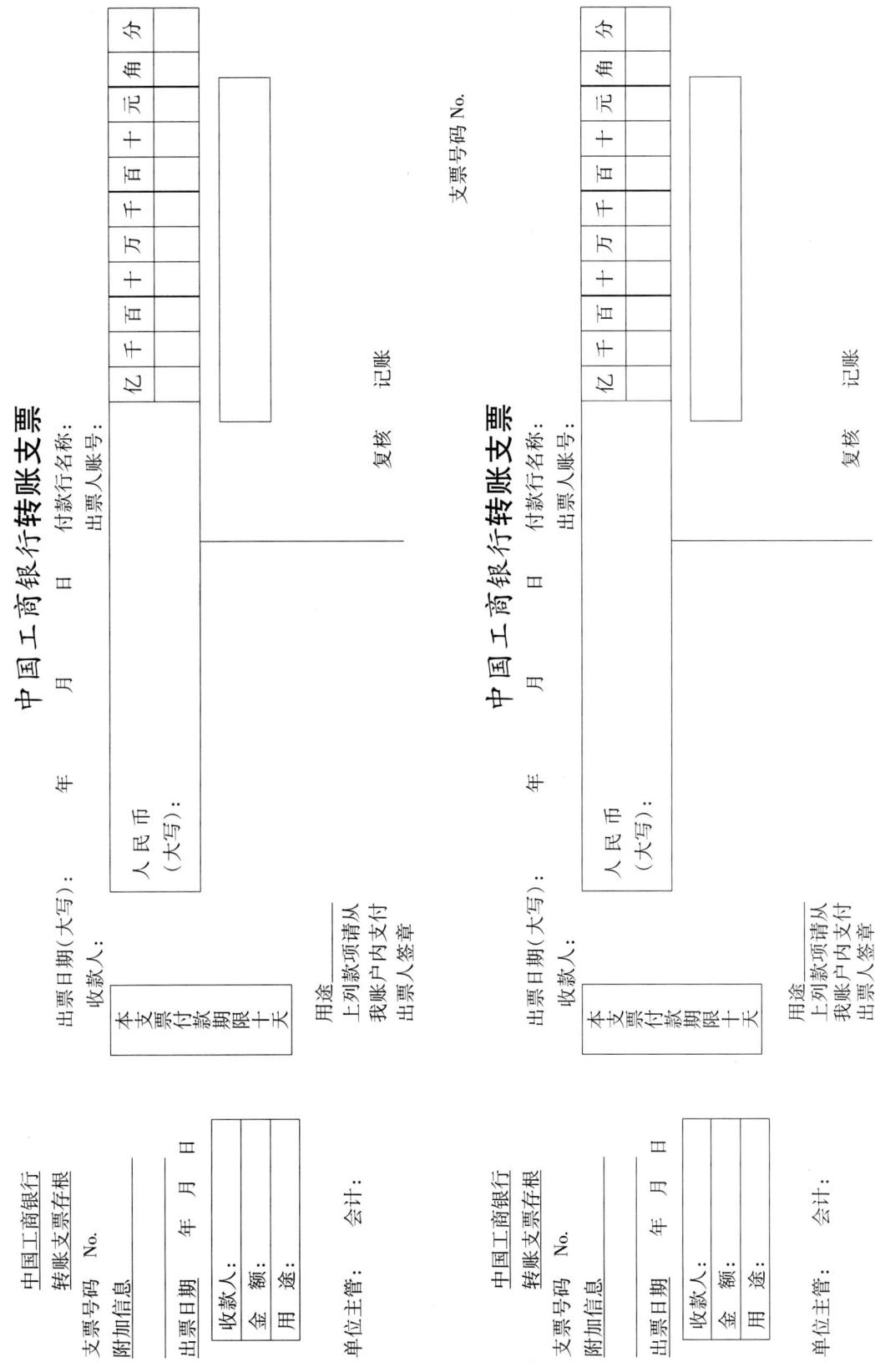

中国工商银行转账支票

支票号码 No.

出票日期(大写):　　　年　　　月　　　日　　付款行名称:

收款人:　　　　　　　　　　　　　　　　　　出票人账号:

亿	千	百	十	万	千	百	十	元	角	分

人民币
(大写):

| 本支票付款期限十天 |

用途

上列款项请从
我账户内支付
出票人签章

复核　　　记账

中国工商银行
转账支票存根

支票号码 No.
附加信息

出票日期　　年　　月　　日

收款人:
金　额:
用　途:

单位主管:　　　　　会计:

中国工商银行转账支票

支票号码 No.

出票日期(大写):　　　年　　　月　　　日　　付款行名称:

收款人:　　　　　　　　　　　　　　　　　　出票人账号:

亿	千	百	十	万	千	百	十	元	角	分

人民币
(大写):

| 本支票付款期限十天 |

用途

上列款项请从
我账户内支付
出票人签章

复核　　　记账

中国工商银行
转账支票存根

支票号码 No.
附加信息

出票日期　　年　　月　　日

收款人:
金　额:
用　途:

单位主管:　　　　　会计:

(2) 电汇凭证 2 张

中国工商银行电汇凭证（回单） 3

委托日期　　年　　月　　日

汇款人	全称		收款人	全称			
	账号或住址			账号或住址			
	汇出地点		汇出行全称		汇入地点	上海市	汇入行全称	市工商行
金额	人民币（大写）				百 十 万 千 百 十 元 角 分			

款项已汇入收款人账户

支付密码

附加信息及用途

汇入行签章

复核　　　记账

此联汇出行给付款人的回单

(3) 进账单 4 张

工商银行进账单（收账通知） 3

年　　月　　日　　　　第　　号

出票人	全称		收款人	全称		
	账号			账号		
	开户银行			开户银行		
人民币（大写）					千 百 十 万 千 百 十 元 角 分	
票据种类	支票	票据张数	1			
票据号码						

复核　　　记账

收款人开户行盖章

券 种 明 细	
券　种	金　额
壹佰元	
伍拾元	
拾　元	
伍　元	
贰　元	
壹　元	
伍　角	
贰　角	
壹　角	
其　他	
合　计	

中国建设银行
现 金 交 款 单

交款日期　年　月　日

交款单位	全　称		账　号	
	开户银行		款项来源	

人民币（大写）		百 十 万 千 百 十 元 角 分

现金收讫		出纳复核员　　　　出纳收款员 会计复核员　　　　记 账 员

本次交款情况记录
多款　　　已退回
少款　　　已补收

第三联　由银行盖章后退回单位

券 种 明 细	
券　种	金　额
壹佰元	
伍拾元	
拾　元	
伍　元	
贰　元	
壹　元	
伍　角	
贰　角	
壹　角	
其　他	
合　计	

中国建设银行
现 金 交 款 单

交款日期　年　月　日

交款单位	全　称		账　号	
	开户银行		款项来源	

人民币（大写）		百 十 万 千 百 十 元 角 分

现金收讫		出纳复核员　　　　出纳收款员 会计复核员　　　　记 账 员

本次交款情况记录
多款　　　已退回
少款　　　已补收

第三联　由银行盖章后退回单位

券 种 明 细	
券　种	金　额
壹佰元	
伍拾元	
拾　元	
伍　元	
贰　元	
壹　元	
伍　角	
贰　角	
壹　角	
其　他	
合　计	

中国建设银行
现 金 交 款 单

交款日期　年　月　日

交款单位	全　称		账　号	
	开户银行		款项来源	

人民币（大写）		百 十 万 千 百 十 元 角 分

现金收讫		出纳复核员　　　　出纳收款员 会计复核员　　　　记 账 员

本次交款情况记录
多款　　　已退回
少款　　　已补收

第三联　由银行盖章后退回单位

中国建设银行 现金交款单

券种明细

券种	金额
壹佰元	
伍拾元	
拾元	
伍元	
贰元	
壹元	
伍角	
贰角	
壹角	
其他	
合计	

交款日期　年　月　日

交款单位	全称		账号	
	开户银行		款项来源	

人民币（大写)		百十万千百十元角分

现金收讫		出纳复核员　　出纳收款员
		会计复核员　　记 账 员

本次交款情况记录

多款	已退回
少款	已补收

第三联 由银行盖章后退回单位

中国建设银行 现金交款单

券种明细

券种	金额
壹佰元	
伍拾元	
拾元	
伍元	
贰元	
壹元	
伍角	
贰角	
壹角	
其他	
合计	

交款日期　年　月　日

交款单位	全称		账号	
	开户银行		款项来源	

人民币（大写)		百十万千百十元角分

现金收讫		出纳复核员　　出纳收款员
		会计复核员　　记 账 员

本次交款情况记录

多款	已退回
少款	已补收

第三联 由银行盖章后退回单位

中国建设银行 现金交款单

券种明细

券种	金额
壹佰元	
伍拾元	
拾元	
伍元	
贰元	
壹元	
伍角	
贰角	
壹角	
其他	
合计	

交款日期　年　月　日

交款单位	全称		账号	
	开户银行		款项来源	

人民币（大写)		百十万千百十元角分

现金收讫		出纳复核员　　出纳收款员
		会计复核员　　记 账 员

本次交款情况记录

多款	已退回
少款	已补收

第三联 由银行盖章后退回单位

辽宁增值税专用发票

2102012141

此联不作报销、扣税凭证使用　　　　　No 00437445

开票日期：　年　月　日

购货单位	名　　称：						
	纳税人识别号：						密码区
	地　址、电　话：						
	开户行及账号：						
货物或应税劳务名称	规格型号	单位	数　量	单　价	金　　额	税率	税　额
合　　　　计							
价税合计（大写）							（小写）
销货单位	名　　称：						
	纳税人识别号：						备注
	地　址、电　话：						
	开户行及账号：						

收款人：　　　　复核：　　　　开票人：　　　　销售单位：（章）

第一联：记账联　销货方记账凭证

辽宁增值税专用发票

2102012142

此联不作报销、扣税凭证使用　　　　　No 00437446

开票日期：　年　月　日

购货单位	名　　称：						
	纳税人识别号：						密码区
	地　址、电　话：						
	开户行及账号：						
货物或应税劳务名称	规格型号	单位	数　量	单　价	金　　额	税率	税　额
合　　　　计							
价税合计（大写）							（小写）
销货单位	名　　称：						
	纳税人识别号：						备注
	地　址、电　话：						
	开户行及账号：						

收款人：　　　　复核：　　　　开票人：　　　　销售单位：（章）

第一联：记账联　销货方记账凭证

辽宁增值税专用发票

No.00001467

开票日期： 年 月 日　　此联不作报销、扣税凭证使用

购货单位	名　　称：		密码区	略
	纳税人识别号：			
	地　址、电　话：			
	开户行及账号：			

货物或应税劳务名称	规格型号	单位	数量	单价	金额	税率	税额
合　　　计							

价税合计（大写）		（小写）¥

销货单位	名　　称：		备注
	纳税人识别号：		
	地　址、电　话：		
	开户行及账号：		

销货单位：（章）　　收款人：　　复核：　　开票人：

第一联：记账联　销货方记账凭证

辽宁增值税专用发票

No.00001468

开票日期： 年 月 日　　此联不作报销、扣税凭证使用

购货单位	名　　称：		密码区	略
	纳税人识别号：			
	地　址、电　话：			
	开户行及账号：			

货物或应税劳务名称	规格型号	单位	数量	单价	金额	税率	税额
合　　　计							

价税合计（大写）		（小写）¥

销货单位	名　　称：		备注
	纳税人识别号：		
	地　址、电　话：		
	开户行及账号：		

销货单位：（章）　　收款人：　　复核：　　开票人：

第一联：记账联　销货方记账凭证

辽宁增值税普通发票

3221011133　　　　　　　　　　　　　　　　　　　　　№ 00437447

开票日期：

购货单位	名　　　称：				密码区			
	纳税人识别号：							
	地　址、电　话：							
	开户行及账号：							
货物或应税劳务名称	规格型号	单位	数量	单价	金　额	税率	税　额
合　　计							
价税合计（大写）						（小写）	
销货单位	名　　　称：				备注			
	纳税人识别号：							
	地　址、电　话：							
	开户行及账号：							

收款人：　　　　复核：　　　　开票人：　　　　销售单位：（章）

第一联：记账联　销货方记账凭证

辽宁增值税普通发票

3221011134　　　　　　　　　　　　　　　　　　　　　№ 00437448

开票日期：

购货单位	名　　　称：				密码区			
	纳税人识别号：							
	地　址、电　话：							
	开户行及账号：							
货物或应税劳务名称	规格型号	单位	数量	单价	金　额	税率	税　额
合　　计							
价税合计（大写）						（小写）	
销货单位	名　　　称：				备注			
	纳税人识别号：							
	地　址、电　话：							
	开户行及账号：							

收款人：　　　　复核：　　　　开票人：　　　　销售单位：（章）

第一联：记账联　销货方记账凭证

3221011135　　　　　　　**辽宁增值税普通发票**　　　　　　No 00437449

开票日期：

购货单位	名　　称： 纳税人识别号： 地　址、电　话： 开户行及账号：			密码区			
货物或应税劳务名称	规格型号	单位	数　量	单　价	金　额	税率	税　额
合　　计							
价税合计（大写）					（小写）		
销货单位	名　　称： 纳税人识别号： 地　址、电　话： 开户行及账号：			备注			

收款人：　　　　　复核：　　　　　开票人：　　　　　销售单位：（章）

第一联：记账联　销货方记账凭证

3221011136　　　　　　　**辽宁增值税普通发票**　　　　　　No 00437450

开票日期：

购货单位	名　　称： 纳税人识别号： 地　址、电　话： 开户行及账号：			密码区			
货物或应税劳务名称	规格型号	单位	数　量	单　价	金　额	税率	税　额
合　　计							
价税合计（大写）					（小写）		
销货单位	名　　称： 纳税人识别号： 地　址、电　话： 开户行及账号：			备注			

收款人：　　　　　复核：　　　　　开票人：　　　　　销售单位：（章）

第一联：记账联　销货方记账凭证

辽宁增值税普通发票

3221011137 No 00437451

开票日期：

购货单位	名　　称：				密码区			
	纳税人识别号：							
	地　址、电　话：							
	开户行及账号：							

货物或应税劳务名称	规格型号	单位	数　量	单　价	金　额	税率	税　额
合　　　计							

价税合计（大写）	（小写）

销货单位	名　　称：	备注
	纳税人识别号：	
	地　址、电　话：	
	开户行及账号：	

收款人：　　　复核：　　　开票人：　　　销售单位：（章）

第一联：记账联　销货方记账凭证

辽宁增值税普通发票

3221011138 No 00437452

开票日期：

购货单位	名　　称：				密码区			
	纳税人识别号：							
	地　址、电　话：							
	开户行及账号：							

货物或应税劳务名称	规格型号	单位	数　量	单　价	金　额	税率	税　额
合　　　计							

价税合计（大写）	（小写）

销货单位	名　　称：	备注
	纳税人识别号：	
	地　址、电　话：	
	开户行及账号：	

收款人：　　　复核：　　　开票人：　　　销售单位：（章）

第一联：记账联　销货方记账凭证

3221011139 **辽宁增值税普通发票** No 00437453

开票日期:

购货单位	名　　称:				密码区			
	纳税人识别号:							
	地 址、电 话:							
	开户行及账号:							
货物或应税劳务名称	规格型号	单位	数　量	单　价	金　额	税率	税　额
合　　计							
价税合计（大写）						（小写）	
销货单位	名　　称:				备注			
	纳税人识别号:							
	地 址、电 话:							
	开户行及账号:							

收款人:　　　　　复核:　　　　　开票人:　　　　　销售单位:（章）

第一联:记账联　销货方记账凭证

商 品 验 收 单

发货单位:　　　　　　　　年　月　日　　　　　凭证编号: N0012311

商品名称	规格型号	实 收										售 价											进销差价
		单位	数量	单价	金　额							单位	数量	单价	金　额								
					十	万	千	百	十	元	角	分				十	万	千	百	十	元	角	分	

会计:　　　　　　　　　　保管:

② 会 计

商 品 验 收 单

发货单位：　　　　　　　　　　　年　月　日　　　　　　　凭证编号：N0012312

商品 名称	规格 型号	实　收											售　价											进销 差价
		单位	数量	单价	金　额								单位	数量	单价	金　额								
					十	万	千	百	十	元	角	分				十	万	千	百	十	元	角	分	

会计：　　　　　　　　　　　　　　　保管：

② 会计

商 品 验 收 单

发货单位：　　　　　　　　　　　年　月　日　　　　　　　凭证编号：N0012313

商品 名称	规格 型号	实　收											售　价											进销 差价
		单位	数量	单价	金　额								单位	数量	单价	金　额								
					十	万	千	百	十	元	角	分				十	万	千	百	十	元	角	分	

会计：　　　　　　　　　　　　　　　保管：

② 会计

商 品 验 收 单

发货单位：　　　　　　　　　　年　月　日　　　　　　　凭证编号：N0012314

商品名称	规格型号	实收					售价					进销差价
		单位	数量	单价	金额		单位	数量	单价	金额		
						十万千百十元角分					十万千百十元角分	

会计：　　　　　　　　　　　　　保管：

② 会计

商 品 验 收 单

发货单位：　　　　　　　　　　年　月　日　　　　　　　凭证编号：N0012315

商品名称	规格型号	实收					售价					进销差价
		单位	数量	单价	金额		单位	数量	单价	金额		
						十万千百十元角分					十万千百十元角分	

会计：　　　　　　　　　　　　　保管：

② 会计

商品验收单

发货单位：　　　　　　　　　年　月　日　　　　　　　凭证编号：N0012316

商品名称	规格型号	实收					售价					进销差价
		单位	数量	单价	金额			单位	数量	单价	金额		
					十万千百十元角分						十万千百十元角分		

会计：　　　　　　　　　　　　　　　　保管：

②会计

商品验收单

发货单位：　　　　　　　　　年　月　日　　　　　　　凭证编号：N0012317

商品名称	规格型号	实收					售价					进销差价
		单位	数量	单价	金额			单位	数量	单价	金额		
					十万千百十元角分						十万千百十元角分		

会计：　　　　　　　　　　　　　　　　保管：

②会计

商 品 出 库 单   No00187501

出库单位：　　　　　　　　年　月　日

品　名	规格型号	单位	数量	单价	金　　　额	
						②会计

会计：　　　　　　保管：　　　　　　领用人：

商 品 出 库 单   No00187502

出库单位：　　　　　　　　年　月　日

品　名	规格型号	单位	数量	单价	金　　　额	
						②会计

会计：　　　　　　保管：　　　　　　领用人：

商 品 出 库 单   No00187503

出库单位：　　　　　　　　年　月　日

品　名	规格型号	单位	数量	单价	金　　　额	
						②会计

会计：　　　　　　保管：　　　　　　领用人：

商 品 出 库 单   No00187504

出库单位：　　　　　　　　年　月　日

品　名	规格型号	单位	数量	单价	金　　　额	
						②会计

会计：　　　　　　保管：　　　　　　领用人：

商 品 出 库 单

No 00187505

出库单位：　　　　　　　　年　月　日

品　　名	规格型号	单位	数量	单价	金　　　　额	
						②会计

会计：　　　　　　保管：　　　　　　领用人：

商 品 出 库 单

No 00187506

出库单位：　　　　　　　　年　月　日

品　　名	规格型号	单位	数量	单价	金　　　　额	
						②会计

会计：　　　　　　保管：　　　　　　领用人：

商 品 出 库 单

No 00187507

出库单位：　　　　　　　　年　月　日

品　　名	规格型号	单位	数量	单价	金　　　　额	
						②会计

会计：　　　　　　保管：　　　　　　领用人：

商 品 出 库 单

No 00187508

出库单位：　　　　　　　　年　月　日

品　　名	规格型号	单位	数量	单价	金　　　　额	
						②会计

会计：　　　　　　保管：　　　　　　领用人：

商 品 出 库 单

No.00187509

出库单位：　　　　　　　　年　月　日

品　名	规格型号	单位	数量	单价	金　额

② 会 计

会计：　　　　　保管：　　　　　领用人：

商 品 出 库 单

No.001875010

出库单位：　　　　　　　　年　月　日

品　名	规格型号	单位	数量	单价	金　额

② 会 计

会计：　　　　　保管：　　　　　领用人：

商 品 出 库 单

No.001875011

出库单位：　　　　　　　　年　月　日

品　名	规格型号	单位	数量	单价	金　额

② 会 计

会计：　　　　　保管：　　　　　领用人：

商 品 出 库 单

No.001875012

出库单位：　　　　　　　　年　月　日

品　名	规格型号	单位	数量	单价	金　额

② 会 计

会计：　　　　　保管：　　　　　领用人：

表 2-2-30

工薪支付明细表

2017 年 12 月 10 日

部 门	姓 名	基本工薪	岗位工薪	劳动保险	合 计	签 字
商务部		1 800	300	400		
	王 义	1 000	200	200		
	赵 昂	800	100	200		
技术部		3 200	400	600		
	杨 柳	1 200	200	200		
	张 强	1 000	100	200		
	刘 勇	1 000	100	200		
销售部		4 400	500	600		
	王庆国	2 000	300	200		
	张强宏	1 200	100	200		
	宋 宁	1 200	100	200		
管理部		3 600	500	800		
	曲 红	1 200	200	200		
	张 单	1 000	100	200		
	谷玉中	800	100	200		
	张 宏	600	100	200		
合计		13 000	1 700	2 400		

制表：

表 2-2-31

固定资产折旧计算表

2017 年 12 月

固定资产名称	原始价值	月折旧率	月折旧额
营业用房屋	680 000	0.5%	
营业用汽车	120 000	0.8%	
办公设备	40 000	1%	
合 计	840 000		

制表：

商品购进短缺溢余报告单

年　月　日

| 品 名 | 单位 | 应收数量 | 实收数量 | 单价 | 短 缺 | | 溢 余 |
					数量	金额	

供货单位：　　　　　　　　处理意见：　　　　溢余或短缺原因

商品调价差额调整单

年　月　日

品　名	规格	单位	结存数量	零售单价		调整单价差额		调高金额	调低金额
				新价	原价	增加	减少		

商品盘点短缺溢余报告单

年　月　日

账存金额		溢余金额		短缺或溢余原因	
实存金额		短缺金额			
处理意见			领导批复		

商品销售日报表

年　月　日

品　名	规　格	计量单位	数　量	单　价	金　额	备　注

商品销售日报表

年　月　日

品　名	规　格	计量单位	数　量	单　价	金　额	备　注

商品销售日报表

年　月　日

品　名	规　格	计量单位	数　量	单　价	金　额	备　注

商品销售日报表

年　月　日

品　名	规　格	计量单位	数　量	单　价	金　额	备　注

已销商品进销差价计算表

年　月　日

商品名称	月末进销差价余额（摊销前）	月末库存商品余额	本月商品销售成本	综合差价率	商品进销差价	
					已销商品	库存商品

制表：

含税商品销售收入进项税额分解表

年　月　日

商品名称	本月含税商品销售收入	增值税率%	销项税额	本月不含税商品销售收入

制表：

应交城市维护建设税、教育费附加计算表

年　月　日

＿＿＿＿计税依据	税　率　%	应　交　额

制表：

应交所得税计算表

年　月　日

应纳税所得额	所得税税率（25%）	应交纳所得税额

制表：

利润分配计算表

年　月　日

利润分配项目	分配比例%	分　配　额

制表：

三、实训要求

1. 根据大连金华办公设备经销有限公司 12 月初有关总账、"库存商品"明细账、"现金"、"银行存款"日记账期初余额设置相关账户，登记期初余额（其他明细账略）。

2. 根据实训资料 3、4 中所列示的经济业务及相关原始凭证分析、判断此项经济业务所涉及的相关其他原始凭证，并利用所给的空白凭证填写原始凭证。发货票、支票、商品出、入库单等在使用时应注意序号。

3. 已有的原始凭证和所填写的原始凭证，填写记账凭证。

4. 根据记账凭证登记相关的明细账。

5. 月末编制科目汇总表，并据以登记总账。

6. 年末编制资产负债表、利润表。

7. 实训用记账凭证、账页：收款凭证 12 张；付款凭证 22 张；转账凭证 37 张；数量金额式"库存商品"明细账 13 页；日记账 2 页；三栏式总账 30 页。